KV-190-465

# Y Deg Gorchymyn Heddiw

## AC ERTHYGLAU ERAILL

**GAN**

## Dr David Enoch

GW 3370737 5

*Cyflwynedig i*

*Amber, Morgan,*
*Claudia a Velvet*

| DERBYNIWYD/ RECEIVED | 18 SEP 2014 |
|---|---|
| CONWY | |
| GWYNEDD | |
| MÔN | |
| COD POST/POST CODE | LL5 1AS |

ⓗ Cyhoeddiadau'r Gair 2014
Testun gwreiddiol: ⓗ Dr David Enoch
Golygydd testun: John Pritchard
Golygydd Cyffredinol: Aled Davies
Clawr: Rhys Llwyd

Argraffwyd gan Melita oddi fewn i'r Undeb Ewropeaidd

Cedwir pob hawl.
Ni chaniateir copïo unrhyw ran o'r deunydd hwn
mewn unrhyw ffordd oni cheir caniatâd y cyhoeddwyr.

**Cyhoeddwyd gan**
**Cyhoeddiadau'r Gair, Cyngor Ysgolion Sul Cymru,**
**Ael y Bryn, Chwilog, Pwllheli, Gwynedd LL53 6SH.**
**www.ysgolsul.com**

# CYNNWYS

# RHAGAIR

Cynnyrch y pedair blynedd ddiwethaf yw holl gynnwys y gyfrol hon. Er i'r cyfan gael ei ysgrifennu tua diwedd nawfed degawd fy mywyd, rwy'n gobeithio y gwelir fy mod – fel 8fed Symffoni Schubert – yn dal yn 'anorffenedig'! Mewn gwirionedd, gobeithio y bydd darllenwyr y gyfrol yn cytuno â'r adolygydd a ddywedodd am y deunydd hwn, 'bod y themâu yn gyfoes ac yn dangos perthnasedd Efengyl Crist i'n dydd ni heddiw, ac yn dangos hefyd weledigaeth i'r dyfodol'.

Ac wrth ysgrifennu, rwy'n ymwybodol, fel J. Alwyn Charles, 'yn y pendraw ... mai'r unig ffordd i dystiolaethu'n effeithiol i'r Duw Byw yw i ni ein hunain gael ein newid i lun a delw ei Un Mab Ef, Iesu Grist y Cyfiawn'. Cytunaf ag Alwyn Charles hefyd pan ddywed bod yna oblygiadau personol, eglwysyddol a gwleidyddol i hyn yn y Gymru gyfoes. Ac felly, fy ngweddi yw y cawn ein harwain i weld a derbyn y cyfan yn gyfrifoldeb arnom mewn pryd.

Mae'n bleser gennyf ddiolch i'r rhai a'm helpodd yn y dasg o baratoi'r argraffiad hwn. Diolch i'r Parchg Ddr D. Ben Rees, Golygydd *Etifeddiaeth*, cylchgrawn Cymdeithas Dydd yr Arglwydd, am ei wahoddiad i gyhoeddi 'Briwsion o'm taith ysbrydol', ac am ganiatâd i'w chynnwys yn y gyfrol hon; ac i'r Athro Euros W. Jones, Golygydd *Diwinyddiaeth*, am ei wahoddiad i gyhoeddi 'Y Meddwl a Bugeilio Cristnogol', a'i ganiatâd yntau i'w chynnwys yma. Diolch cynnes i'r Parchg John Pritchard am ei olygu manwl a chwaethus, ei anogaeth ddi-ball i mi, a'i deyrngarwch ansigledig tuag at gyfranwyr i'r *Pedair Tudalen*, sef tudalennau cydenwadol y papurau enwadol wythnosol.

Diolch hefyd i'm gwraig annwyl Anne am ei hamynedd yn chwysu wrth y cyfrifiadur, ond yn fwy na'r cyfan am y trafodaethau dwfn di-ri' ar themâu'r gyfrol. Diolchaf hefyd i'm cymydog Robin Gwyndaf am ei gymeradwyaeth gyson mewn ysgrif ac ar lafar, ac am fy annog i 'gyhoeddi llyfr yn Gymraeg'.

Rwy'n gwerthfawrogi'r ffaith i'r Parchg Aled Davies dderbyn y llyfr hwn i'w gyhoeddi gan Gyhoeddiadau'r Gair, ac yn ddiolchgar iddo am lywio'r cyfan trwy'r Wasg mewn modd mor hynaws.

*David Enoch*
*2014*

# DR M. DAVID ENOCH

Mab i löwr o Benygroes, Sir Gaerfyrddin yw David Enoch. Addysgwyd ef yn Ysgol Gynradd y pentre' ac Ysgol Ramadeg Dyffryn Aman. Cipiwyd ef gan gorwynt digwyddiadau'r byd gyda'r canlyniad iddo'i gael ei hun yn gwasanaethu yn y lluoedd arfog yn nhalaith Goror Gogledd-orllewin ('North-West Frontier') India, lle bu am bedair blynedd yn llygad-dyst i enedigaeth dwy genedl, India a Phacistan.

Wedi dychwelyd i'r Deyrnas Unedig, dewisodd astudio Meddygaeth, a chafodd ei dderbyn i Ysbyty St Thomas' a Phrifysgol Llundain. Yno, bu'n ffodus i gael hyfforddiant dan fawrion y dydd yn ei faes, ac aeth ymlaen i ymddiddori'n arbennig mewn cyflyrau seiciatreg anghyffredin. Symudodd i'w swydd gyntaf fel Seiciatrydd Ymgynghorol yn Yr Amwythig, lle bu iddo chwyldroi rheolaeth a hyfforddiant y gwasanaethau meddyliol yn Swydd Amwythig a Sir Drefaldwyn.

Wedi symud i Ysbyty Brenhinol Prifysgol Lerpwl parhaodd i fod, yng ngeiriau un o'i gyfoedion, 'a beacon for practice-leading mental health medicine'. Parhaodd i geisio rhagoriaeth mewn hyfforddiant, triniaeth, rheolaeth ac adnoddau i Iechyd Meddwl Gogledd Orllewin Lloegr a Gogledd Cymru.

Cymerodd ddiddordeb mawr yng ngweithrediadau Coleg Brenhinol y Seiciatryddion. Bu'n aelod o Gyngor y Coleg hwnnw am dros ugain mlynedd ac yn aelod o Lys yr Etholwyr am wyth mlynedd.

Ar hyd y blynyddoedd, fe'i hystyriodd yn fraint fawr i gael cyfle i wasanaethu ei Arglwydd trwy ei alwedigaeth fel seiciatrydd, ac ar yr un pryd barhau i bregethu'r Efengyl am dros 60 o flynyddoedd. Bu hefyd yn cyfrannu'n gyson i raglenni radio a theledu. Mae'n awdur llyfrau llwyddiannus megis *Healing The Hurt Mind* (sydd wedi ei argraffu 11 o weithiau erbyn hyn) a'r clasur *Uncommon Psychiatric Symptoms*.

## RHAN UN: Y DEG GORCHYMYN HEDDIW

### Y Degfed Gorchymyn:

# 'Na chwennych'

Un peth a ddangoswyd yn eglur iawn gan yr alanas yn Llundain a threfi Lloegr yn ystod mis Awst 2011 oedd trachwant pobl, ac yn syfrdanol felly barodrwydd pobl i ladrata ac ysbeilio eiddo eu cydnabod a'u cymdogion ar y cyfle cyntaf. Digwyddodd hynny er i berchnogion busnesau geisio amddiffyn y siopau a'r busnesau y buont yn eu hadeiladu dros y blynyddoedd. A gwaeth fyth, roeddent yn hollol ddidrugaredd yn chwerthin ar ben y rhai a ddioddefodd y colledion. Mae'n anodd credu i'r fath ladrata a sarhad ddigwydd ganol dydd a chanol nos yng nghanol ein trefi mawr ni yng ngwareiddiad y Gorllewin. Roedd y terfysg cynddrwg ag unrhyw derfysg arall yr ydym mor barod i'w beirniadu'n llym pan welwn hwy mewn rhannau eraill o'r byd.

Mae hyn yn ein hatgoffa, er holl soffistigeiddrwydd y byd modern, bod y drwg yn preswylio yn nyfnder ein personoliaeth, ac y gall ddod i'r amlwg ar amrantiad. Dengys y troseddau hyn mor bechadurus yw pobl; yn hollol hunanol, yn ddideimlad, heb unrhyw fath o gywilydd, heb wrido am ddim, ac nid yn unig yn eiddigeddus o gymdogion ac yn lladrata eu heiddo, ond hefyd yn eu sarhau a'u casáu.

Ac wele eto mor berthnasol yw Gair Duw, ac yn enwedig Y Deg Gorchymyn. 'Na chwennych,' medd y degfed gorchymyn. Ac yn fanylach fyth dywed, 'Na chwennych dŷ dy gymydog, na'i wraig, na'i was, na'i forwyn, na'i ych, na'i asyn, na dim sy'n eiddo i'th gymydog' (Exodus 20:17). Gellid ychwanegu heddiw 'na'i deledu, na'i i-pod, na'i ddillad crand'.

Cyfaddefwn fod yr anghysondeb mawr rhwng taliadau'r meistri a'r gweithwyr yn mynd yn fwy a mwy, a bod hynny'n wir hefyd am faint y dicter a'r casineb. Gŵyr yr economegwyr eu hunain mai dyma ffordd sicr o wneud llanast ohoni. Awgrymodd un economegydd blaenllaw, Will Hutton, na ddylai'r meistri ennill fwy na 20 gwaith tâl y gweithiwr mwyaf distadl. Awgrymodd eraill na ddylai neb ennill mwy na'r Prif Weinidog. Yn sicr, o edrych ar y byd ariannol, mae'n anodd iawn deall pam bod pobl a fethodd yn cael eu gwobrwyo â bonws mawr. Mae'n dda cofio'r arwyddair uwchben Uchel Lys Birminham: 'Justice gives to everyman his own'. Mae i bob dyn ei werth. Dyna bwyslais yr Efengyl, er nad oedd gan yr Iesu le i osod ei ben i lawr. Pererinion ydym yn y byd hwn. Nid oes i un ohonom le parhaus. 'Yn noeth y deuthum o groth fy mam, ac yn noeth y dychwelaf yno', medd Job (Job 1:21). Bu farw cyfaill cyfoethog iawn yn ddiweddar. Gofynnwyd i'w frawd, 'Faint a adawodd? A'r ateb tra phwysig oedd, 'Y cyfan oedd ganddo!'

Parhawn i sôn am dyfiant ac am amlhau'r pethau sydd gennym. Onid yw'n bryd i ni gydnabod fod rhaid wrth derfyn i'r tyfiant, yn enwedig o gofio am y cynnydd parhaus ym mhoblogaeth y byd?

Ond yr ydym yn byw hefyd mewn byd sy'n ein hannog – trwy hysbysebion parhaus a llethol – i chwenychu pethau, arian ac enwogrwydd (hyd yn oed enwogrwydd dros dro yn unig). Cawn ein hannog i feddiannu'r pethau ac i'n gorseddu ein hunain, o flaen neb na dim arall, a rhoi ychydig o friwsion i'r newynog yn Affrica, fel rhyw fath o *sop* i'r gydwybod.

Mae'r chwenychu hwn yn arwain at yr ymdeimlad o ansicrwydd a phryder ac ofn, fel y profa'r dyddiau presennol yn ein gwlad. Ac ni chawn feddyginiaeth o unrhyw gyfeiriad, boed ddyn neu blaid. Mae'n hollol hanfodol ein bod, fel yr atega Awstin Sant, yn troi'n ôl at ein Creawdwr a'n Cynhaliwr a'n Ceidwad. Medd yr Iesu, 'Gofalwch ymgadw rhag trachwant o bob math, oherwydd, er cymaint ei gyfoeth, nid yw bywyd neb yn dibynnu ar ei feddiannau' (Luc 12:15). 'Pa elw a gaiff rhywun os ennill yr holl fyd a fforffedu ei fywyd?' (Math. 16:26).

O'r fath berygl o golli ein heneidiau fel unigolion a chenedl! Rhybuddiodd Lewis Valentine na fynnai ef Gymru rydd Gymraeg oni bai ei bod yn Gymru Gristnogol hefyd. Yn wir, seiliwyd ein hiaith a'n diwylliant a'n cyfundrefnau ar y Ffydd Gristnogol.

Beth a chwenychwch? Beth yw eich blaenoriaeth chi eich hunain yn bersonol, a'ch plant a'ch cenedl? Mae ein tynged fel unigolion, teuluoedd a chenedl yn dibynnu ar ein hateb i'r cwestiynau hyn heddiw. Ac ni all neb arall ateb drosom. Ni allwn roi'r bai ar 'y nhw' bondigrybwyll. Yn sicr, mae digwyddiadau erchyll Llundain a threfi Lloegr yn ystod haf 2011 yn mynnu atebion brys, ymarferol a deallus os ydym i achub ein cymdeithas ac iachau ein cenedl.

Cofiwn orchymyn yr Arglwydd Dduw: 'Na chwennych'. Gweddïwn, 'O na bawn yn fwy tebyg i Iesu Grist yn byw'.

## Y Nawfed Gorchymyn:

# 'Na ddwg gamdystiolaeth'

Enillodd Lance Armstrong y *Tour de France*, ras feic galetaf ac enwocaf y byd, saith o weithiau. Ond o'r cychwyn, bu David Walch, newyddiadurwr y *Sunday Times*, yn amau a oedd Armstrong yn 'lân', heb fod yn cymryd cyffuriau anghyfreithlon i'w helpu. Dilynodd Walch ei hynt am 13 o flynyddoedd gan geisio dod o hyd i'r gwir wrth weld Armstrong yn dod yn fwy a mwy enwog a chyfoethog oherwydd ei lwyddiant. Ymatebodd Armstrong yn ffyrnicach wrth i'r cyhuddiadau fynd yn gryfach, a mynnodd ddwyn achos enllib yn erbyn Walch a'r *Sunday Times*, gan ennill £300,000 ynghyd â chostau o bron i £700,000. Mewn cynadleddau i'r Wasg, byddai Armstrong yn ymosodol, gan sarhau Walch neu ei anwybyddu'n llwyr. Yn wir, arferai harasio pawb a fentrai ei feirniadu. Ond wedi blynyddoedd o drafod a dadlau, daeth yn amlwg bod Armstrong, heb os nac oni bai, yn euog o ddefnyddio cyffuriau anghyfreithlon yn rheolaidd o'r cychwyn, a'i fod wedi dweud celwydd yn gyson wrth ddwyn camdystiolaeth yn erbyn David Walch ac eraill a oedd yn ddigon dewr i'w gyhuddo o ddrwgweithredu. Mewn cyfweliad pwysig â'r gyflwynwraig enwog, Oprah Winfrey, ym mis Ionawr 2013, cyfaddefodd Armstrong ei hun iddo gymryd cyffuriau anghyfreithlon, er nad yw'r mwyafrif yn derbyn ei fod yn wir edifeiriol am wneud hynny.

Dyma esiampl, ar raddfa byd eang, o ddyn arwynebol lwyddiannus yn medru dweud celwydd amdano'i hun a'i lwyddiant mawr, gan wawdio'r un pryd y rhai oedd yn ei gyhuddo o fod yn gelwyddog. Roedd felly'n dwyn camdystiolaeth yn eu herbyn, gan lwyddo hyd yn oed i wneud hynny mewn llys barn. Mae'r hen orchymyn yr un mor berthnasol heddiw ag erioed. Ni chollodd dyn pechadurus y gallu i ddweud celwydd, a'i ddweud hyd yn oed wrth gamdystiolaethu yn erbyn cyd-ddyn, brawd, chwaer a chymydog. Wrth sôn am Lance Armstrong, rhaid cofio hefyd am eraill - gwleidyddion a ddywedodd gymaint o gelwydd wrth addo cymaint a beirniadu eu gwrthwynebwyr, heddgeidwaid a newyddiadurwyr a roddodd gamdystiolaeth mewn gwahanol achosion. Cawsom brawf o'r gamdystiolaeth eang a'r celwydd noeth sy'n medru ymddangos ar y We o fewn eiliadau, heb unrhyw brawf o gwbl. Er enghraifft, dyfarnodd barnwr yn ddiweddarach bod Sally Bercow, gwraig Llefarydd Tŷ'r Cyffredin ar y pryd, mewn sylw a wnaed ar Trydar ym mis Tachwedd 2012, wedi cyhuddo'r Arglwydd McAlpine o drosedd ddifrifol, ac yntau'n gwbl ddieuog. Mae'r cyfryngau torfol, megis Trydar a Facebook, yn fodd ac yn demtasiwn mawr i feirniadu ymddygiad eraill – heb y ffeithiau cyflawn. Pwysleisiaf eto mor fyw yw Gair Duw i'n sefyllfa heddiw. Mae arnom angen cyfeiriad. A Gair yr Arglwydd yw, 'Na ddwg gamdystiolaeth yn erbyn dy gymydog' (Exodus 20:16).

Wrth roi esiamplau o bobl enwog yn dweud celwydd, ac yn rhoi a dwyn camdystiolaeth yn erbyn cymydog, rhaid i bawb ohonom gyfaddef ein bod ninnau hefyd yn euog o hyn. Pa eglwys na chlywyd ynddi si yn erbyn rhywun arall, heb brawf digonol ei fod yn wir. Ofnaf i nifer dros y blynyddoedd ddweud wrthyf na allent fynd at eu harweinwyr gyda'u problemau am nad oeddent yn ymddiried ynddynt i gadw cyfrinach. Digwyddai hyn er i'r Apostol, yn ei 'symffoni i gariad', ddweud mai un elfen o wir gariad yw peidio â throsglwyddo i eraill bethau drwg am bobl (1 Corinthiaid 13:6), ac yn sicr beidio â chamdystiolaethu yn erbyn un y dywedwn ei fod yn ffrind neu'n gymydog i ni.

Mewn iaith pob dydd, mae Gair Duw yn dweud yn glir wrthym, 'Peidiwch â dwyn camdystiolaeth' – *'Don't gossip'*. Oherwydd dyna yw *gossip* – cario clecs am berson i rywun nad yw'n rhan o'r broblem, nac ychwaith yn rhan o'r ateb. Daw pob *'gossip'* dan gondemniad y nawfed gorchymyn am fod *gossip* bob amser yn erbyn cymydog, ac fel rheol yn ffals. Datgenir geiriau straegar, nid am eu bod yn wir ond am eu bod yn hanes blasus ar draul rhywun arall.

Mae Gair ein Duw, ac yn enwedig Llyfr y Diarhebion, yn ein rhybuddio'n fynych i beidio â defnyddio'r fath eiriau yn erbyn ein cyd-ddynion. 'Heb goed fe ddiffydd tân, a heb y straegar fe dderfydd am gynnen ... Y mae geiriau'r straegar fel danteithion sy'n mynd i lawr i'r cylla' (Diarhebion 26:20,22). Diau y medrwn enwi llawer o straegarwyr, heb sylweddoli o bosibl y gallem ein cyfrif ein hunain yn eu plith. Sawl un ohonom na ddywedodd ar brydiau, 'Ddylem ni ddim dweud hyn amdano, ond ...'; 'Glywsoch chi am ei wraig yn ...'; 'Dwi ddim yn gwybod beth sy'n digwydd rhwng ... ond clywes i ...'? Rhaid cydnabod fod straeon fel hyn, gyda'u hanner gwirioneddau a'u hawgrymiadau, yn peri poen a niwed mawr i'r gwrthrych, fel y tystiodd McAlpine ac eraill a fu'n wrthrych camdystiolaeth a hwythau'n ddieuog. Mae'r Apostol Iago yn ein rhybuddio rhag pŵer y tafod. Er mai aelod lleiaf y corff yw'r tafod, gellir ei ddefnyddio i fendithio ac i felltithio, a rhaid ei reoli. Mae geiriau mor nerthol. Yn aml, clywn rywun yn dweud, 'Nid anghofiaf fyth ei eiriau cas; rwy'n dal i frifo'; neu ar y llaw arall, 'Roedd ei eiriau mor ysbrydoledig'.

Adnabûm gyfaill nad oedd byth yn cymryd rhan mewn clebran ofer, yn enwedig yn erbyn pobl eraill. Yn yr ystafell staff, amser cinio, byddai'n dawel pan fyddai'r cecran ofer yn digwydd. Sylwodd un athrawes ifanc ar hyn, a dywedodd wrtho ei bod yn ei barchu am beidio â barnu eraill yn eu habsenoldeb. A gofynnodd iddo sut y medrai wneud hynny. Aeth ef ati i ddyfynnu dihareb wrthi, 'Peidiwch yngan un gair os na fedrwch wella'r distawrwydd'.

Dioddefodd yr Iesu gamdystiolaeth yn ei erbyn gerbron Pilat. Ni welai Pilat ddim bai yn ein Harglwydd, ond gweiddai'r Iddewon am iddo gael ei groeshoelio. Safai'r Iesu'n fud gerbron Pilat, er bod y dyrfa'n dwyn camdystiolaeth yn ei erbyn (Mathew 26:59). Ond pan ofynnodd Pilat iddo a oedd yn frenin, atebodd yr Iesu, 'Er mwyn hyn yr wyf fi wedi cael fy ngeni, ac er mwyn hyn y deuthum i'r byd, i dystiolaethu i'r gwirionedd'. Yna, gofynnodd Pilat, 'Beth yw gwirionedd?' (Ioan 18:37-38). Ond nid erys am ateb. Ond gwyddom i'r Iesu ddweud bryd arall, 'Myfi yw'r ffordd a'r gwirionedd a'r bywyd'. Mae dilyn Iesu'n golygu dilyn y gwirionedd, dweud y gwir amdanom ni ein hunain ac am ein cyd-ddynion. Dim *'gossip'*; dim yngan geiriau niweidiol, celwyddog am ein cymdogion; ond llanw ein meddyliau yn hytrach, fel y dywed yr Apostol, â 'beth bynnag sydd yn wir, beth bynnag sydd yn anrhydeddus, beth bynnag sydd yn gyfiawn a phur, beth bynnag sy'n hawddgar a chymeradwy; pob rhinwedd a phob peth sy'n haeddu clod' (Philipiaid 4:8). Dyna'r nodweddion a welwn yn yr Iesu ar y ddaear. Ac o na bawn yn fwy tebyg iddo Ef yn byw.

## Yr Wythfed Gorchymyn:

# 'Na ladrata'

Gwireddwyd (yn gyflymach ac yn ffyrnicach nag a ddisgwyliwn) fy ofnau ynglŷn â pheryglon gwirioneddol yr anghysondeb rhwng bonws mawr y bancwyr a'r toriadau sy'n effeithio ar weithwyr cymharol dlawd. Ym mis Awst 2011, bu miliynau ohonom yng ngwledydd Prydain a thros y byd yn gwylio'r trais a'r llosgi a'r lladrata yn Llundain a threfi eraill yn Lloegr. Mae'n bwysig pwysleisio nad oes gan neb eglurhad cyflawn, ac yn sicr dim ateb parod, i'r gyflafan; yr holl ddinistr a dicter, a'r lladrata – a gwaeth na'r cyfan – y lladd. Yn sicr, ni ellir cyfiawnhau'r troseddu peryglus trwy ddweud yn unig mai'r tlawd oedd yn diwallu eu hanghenion. Oherwydd profwyd yn y llysoedd fod gan amryw o'r troseddwyr hyn swyddi da, a bod eraill ohonynt yn perthyn i deuluoedd moethus eu byd, gyda'r mwyafrif yn dewis lladrata'r pethau gorau, megis designer jeans a'r i-pod diweddaraf a'r teledu mwyaf.

Gwelsom hefyd bobl yn dinistrio ffenestri a siopau yn eu hardaloedd eu hunain gan chwerthin yr un pryd ar y perchnogion a weithiodd yn galed dros y blynyddoedd i adeiladu eu busnesau. Roeddent fel creaduriaid dideimlad yn dinistrio'u cymunedau eu hunain, fel y bechgyn yn *Lord of the Flies* gan William Golding.

Troseddu yn erbyn cyd-ddyn oedd hyn, ac roedd yn gwbl anghyfreithlon ac anfoesol. Ond yr oedd hefyd yn fater o dorri gorchmynion Duw, ac yn arbennig yr wythfed gorchymyn, 'Na ladrata'. Ond cyn condemnio'r bobl hyn yn ormodol, rhaid cofio'r awyrgylch y digwyddodd hyn oll ynddo: lladrata gan Aelodau Seneddol, llwgrwobrwyo o fewn yr heddlu, a chamwri ymhlith newyddiadurwyr. Yn ddiau, felly, dywed y lladron hyn, 'Mae pawb, hyd yn oed yr arweinyddion cyfrifol, wrthi; pam na allwn ninnau ddilyn eu hesiampl?' Yr un yn union yw'r troseddu – cwbl anghyfreithlon ac anfoesol – fel y profa'r ffaith i Aelodau Seneddol gael eu carcharu yn ddiweddar. Dylai'r gosb weddu i'r drosedd, a bod hefyd yr un i bawb, pwy bynnag yw'r troseddwr, boed ddyn di-waith annysgedig neu Aelod Seneddol blaenllaw neu blismon neu newyddiadurwr.

Mae'r Deg Gorchymyn yn ateb y broblem. Ofer fu 'Back to Basics' John Major, ac ofer fydd cynlluniau Cameron a Milleband. Ni all dynion ffaeledig greu dynion moesol a da. Mae'r gymuned drwyddi draw yn bwdr, a'n harweinyddion, gwaetha'r modd, mor bwdr â neb. Nid oes 'na pharch na disgyblaeth yn y wlad, ac mae 'Duw ar drai ar orwel pell'. Yn sicr, dim ond ffordd y Duw Cyfiawn all ein hachub o'n sefyllfa druenus. A ffordd y Duw Cariadus ond Cyfiawn yw'r Deg Gorchymyn. Gwn mai hen orchmynion ydynt, wedi eu rhoi trwy Moses – tua 1450 C.C. – i bobl Israel, pan oeddent ar eu ffordd i Wlad yr Addewid wedi iddynt gael eu rhyddhau o gaethiwed Yr Aifft. Ond maent yr un mor berthnasol i'n cenedl ni heddiw yn yr unfed ganrif ar hugain. Maent eisoes yn sail i'n system gyfreithiol, yn rhan hanfodol o'n strwythur llywodraethol, ac wrth wraidd gwareiddiad y Gorllewin. Mae'n orfodol i'w dysgu i'n pobl. Tybed a ellir eu gosod ar gwricwlwm pob ysgol yng Nghymru? Oherwydd os yw ysgolion Lloegr yn dweud 'We don't do God' erbyn hyn, y mae ein hysgolion ni yng Nghymru yn dal i ddweud 'Fe rown le i Dduw'.

Gwn yn dda bod Y Testament Newydd yn dweud: 'Oherwydd trwy Moses y rhoddwyd y Gyfraith, ond gras a gwirionedd, trwy Iesu Grist y daethant' (Ioan 1:17). Gwn hefyd nad trwy ein gweithredoedd y'n hachubir ni. Rhaid credu yn Iesu Grist fel Ceidwad. Ond gellir nodi hefyd fod Iesu Grist yn pwysleisio mai 'wrth eu ffrwythau yr adnabyddwch hwy' (Mathew 7:20), a bod Iago yn ei lythyr ef yn cadarnhau hynny. Rwy'n ceisio pwysleisio hyn mewn man arall yn y gyfrol hon wrth ddweud mor bwysig yw cael harmoni rhwng y gair a'r weithred, rhwng ein cred a'n cerddediad. Mae'n hawdd condemnio eraill; mae'n hawdd clochdar na welwyd hyd yma yng Nghaerdydd droseddu tebyg i'r hyn a welwyd yn Llundain. Ond ofnaf fod lladrata tawel yn digwydd yn y dirgel yng Nghaerdydd hefyd. Ymwelais â llyfrgell newydd Canol Caerdydd ganol Awst 2011 i gael golwg ar y papurau Cymraeg, a chael ar ddeall gan y llyfrgellydd nad oeddent ar y silff mwyach am eu bod yn cael eu lladrata o'r llyfrgell yn rheolaidd. Oherwydd hyn, mae'r *Cymro* a chylchgronau crefyddol megis *Y Tyst, Seren Cymru, Y Goleuad* ac eraill, wedi eu gosod dan glo, a rhaid i unrhyw un a fyn eu darllen ofyn amdanynt a gofalu eu rhoi'n ôl i'r llyfrgellydd. Dyma ladrata tawel rheolaidd, ysgeler, mên. Mae'r weithred hon lawn cymaint o ladrad â'r lladrata cyhoeddus yn Llundain; mae'n drosedd hollol anghyfreithlon ac anfoesol. Dyma dorri wythfed gorchymyn y Duw Cyfiawn, 'Na ladrata' (Exodus 20:15). Ac os na ŵyr neb arall am y lladrad fe ŵyr y Duw Hollalluog amdano.

Beth tybed a ddywed cydwybod y lleidr neu'r lladron wrtho (neu wrthi neu wrthynt)? Gobeithio bod ganddo (neu ganddi, neu ganddynt) gydwybod, er mwyn medru edifarhau a gwneud ad-daliad – megis dychwelyd y copïau a ladratwyd, talu amdanynt, cyfrannu at gronfa un o'r cylchgronau, a pheidio â dwyn – neu fel y dwedwn ni yn Sir Gaerfyrddin, peidio â dwgyd mwyach. Dyma orchymyn Duw: Na ladrata. Gweddïwn, 'O na bawn yn fwy tebyg i Iesu Grist yn byw'.

## Y Seithfed Gorchymyn:

# 'Na odineba'

Bu adeg pan oedd rhyw yn destun tabŵ, a phan oedd pob math o *hang-ups* yn ei gylch, fel y tystiodd amryw o'm cleifion wrthyf – a llawer ohonynt yn Gristnogion. Erbyn hyn, mae'r pendil wedi siglo i'r eithaf arall, a chymdeithas bron wedi ei boddi gan ryw. Ni ellir braidd edrych ar raglen deledu heb glywed neu weld cyfeiriad at ryw, naill ai'n ddirgel neu'n agored. Mae'r hysbysebwyr yn defnyddio rhyw i werthu pob math o bethau, megis ceir, hufen ia, hufen croen ar gyfer gwyliau, cerddoriaeth bop a chlasurol, a hyd yn oed fwyd anifeiliaid. Ond mae pwyslais peryglus yn yr amlygu eang hwn, sef creu plant rhywiol cyn eu pryd, gyda chanlyniadau erchyll. Un paradocs amlwg heddiw yw y ceir mwy o addysg rhyw, ond bod gennym yr un pryd fwy o famau ifanc, sengl, braidd wedi gadael plentyndod eu hunain ac yn sicr heb orffen eu haddysg na thyfu i fyny. Dyma ran helaeth o'r 500,000 o deuluoedd sy'n teimlo eu bod y tu allan i gymdeithas, ac yn fodlon llosgi eiddo a throseddu am nad oes iddynt ran yn y gymdeithas honno.

Gwaethygwyd y sefyllfa gan bropaganda'r byd nad yw priodas o bwys, ac adlewyrchwyd hyn gan y gostyngiad mawr yn niferoedd priodasau. Gwaethygwyd y sefyllfa ymhellach trwy'r cynnydd mawr yn niferoedd ysgariadau. Gwelais y dioddef sy'n deillio o ganlyniad i hyn, yn enwedig ymysg plant, sy'n aml yn rhan o'r frwydr rhwng gŵr a gwraig. Sylwais hefyd fod cyplau heb briodi yn tueddu i wahanu'n gynt na rhai priod. 'Easy and early escape'. Pwysleisiodd Barnwyr yr Uchel Lys yn ddiweddar hefyd mor fawr yw'r dioddef, yn enwedig ymysg plant, o ganlyniad i'r chwalfa deuluol hon.

Ac wele eto mor berthnasol a therapiwtig yw gorchmynion Duw Dad, yn cynnwys y gorchymyn, 'Na odineba' (Exodus 20:14). Un o odinebwyr amlwg y Beibl oedd y Brenin Dafydd. Anfonodd hwnnw un o'i filwyr dewr, Ureia, i flaen y gad fel y cai ei ladd, er mwyn i Dafydd gael cyfathrach rywiol â'i wraig brydferth, Bathseba. Roedd Dafydd wedi ei chwenychu ers iddo ei gweld gyntaf. Dyma frenin dewr a llwyddiannus Israel yn syrthio'n gaethwas i'w chwantau rhywiol sylfaenol. Hen stori! Ond wele fersiwn modern ohoni sy'n dangos mor rhyfedd o berthnasol a chyfoes yw

Gair Duw: y 'Brenin' Giggs yn ceisio gwaharddiad yn yr Uchel Lys, rhag i'r cyhoedd a'r miloedd oedd yn ei addoli fel un o beldroedwyr gorau'r byd, ddod i wybod am ei odineb â'i chwaer yng nghyfraith, Natasha Giggs ac â'r Gymraes, Imogen Thomas. Wrth sôn am ei berthynas â'r gyntaf o'r ddwy, 'Dim ond rhyw' oedd sylw Giggs (*Sunday Times*, Hydref 16, 2011). Ond dyna'n union *nad* ydyw. Mae rhyw yn rhan o berthynas glos, gyfan rhwng gŵr a gwraig sy'n dwyn pleser a chyfoeth i fywyd y ddau. Dyma wir gyfanrwydd, iechyd ac – uwchlaw'r cyfan – rhyddid. Nid yw purdeb buchedd yn gwneud person yn goegen oer, ddideimlad gyda *hang-ups* rhywiol.

Dengys y Beibl ffordd adnewyddiad. Mae'n disgrifio'r proffwyd Nathan yn herio Dafydd, fel y cyffesodd y Brenin ac edifarhau am ei bechod (2 Samuel 12:1–14). Dyna pryd yr ysgrifennodd Dafydd Salm 51, sy'n batrwm perffaith i unrhyw un a fyn edifarhau mewn cysylltiad â phechod rhywiol tebyg.

Rhaid sôn hefyd am y problemau erchyll sy'n gallu bod yn gysylltiedig â rhyw, megis cam-drin plant yn rhywiol oddi fewn i'r Eglwys ar draws y byd. Ac fel y cyfaddefodd yr Archesgob Rowan Williams (*Western Mail*, Ebrill 5, 2010) nid yn yr Eglwys Gatholig yn unig y digwyddodd hynny. Sylwn hefyd bod yna beryglon mawr yn bygwth ein plant ar y We, a hwythau'n medru canfod ffeithiau a gweld delweddau hollol annerbyniol, sy'n wir beryglus i blant. Ni ellir atal y datblygiadau technolegol hyn, ac yn sicr ni allwn droi'r cloc yn ôl i gyfnod pan nad oeddent yn bod, ond mae sialens fawr yn wynebu'r Eglwys – pob rhan ohoni. Ac mae'n rhaid wrth wyliadwriaeth arbennig dros ein plant.

Ond rhydd Gair Duw ganllawiau clir i bawb ohonom, fel unigolion ac arweinyddion:

Yn gyntaf, creadigaeth Duw yw'r corff. 'Efe a'n gwnaeth ac nid ni ein hunain' (Salm 100: 3). 'Ti a greodd fy ymysgaroedd a'm llunio yng nghroth fy mam ... ni chuddiwyd fy ngwneuthuriad oddi wrthyt pan oeddwn yn cael fy ngwneud yn y dirgel' (Salm 139: 13, 15).

Yn ail, mae'r system genhedlol-droethol yn rhan hanfodol o'r corff, fel pob system arall o fewn y corff. Wrth drin amryw o Gristnogion oedd â phroblemau rhywiol, dyna fyddai fy mhwyslais cyntaf er mwyn galluogi'r cleifion wedyn i fedru siarad yn rhydd ac yn rhwydd am y problemau arbennig hyn. Nid ffeithiau i'w trin yn y cysgodion ydynt, ond ffeithiau a thestunau y dylai pawb allu sôn amdanynt gydag urddas.

Yn drydydd, pwysleisia'r Gair mai oddi mewn i briodas dyn a menyw y perthyn rhyw, a'i fod felly i'w fwynhau a'i ddefnyddio yn y modd y bwriadwyd iddo yn ôl y Beibl. Gwn am y twrw mawr a glywir heddiw ynghylch yr hyn a olyga priodas, ac am yr alwad i ni newid gyda'r amseroedd. Ond heb golli unrhyw empathi, rhaid i'r Eglwys fod yn ffyddlon i Air Duw. Er mwyn cadw ei orchmynion, mae arnom angen help y Tad nefol. A'r rhyfeddod yw ei fod wrth law o hyd i'n cynorthwyo. Wedi'r cyfan, Duw yw'r 'Carwr Mawr', sy'n bartner a ffrind, a chyda ni bob amser. Nid trwy anfon cerdd serch y mae Duw'n dangos ei gariad, er bod un llyfr cyfan yn yr Hen Destament, Caniad Solomon, yn clodfori cariad dynol. Ond prawf Duw o'i gariad tuag atom yw, 'i Grist farw trosom pan oeddem yn dal yn bechaduriaid' (Rhufeiniaid 5: 8).

Ni ddygodd yr Iesu flodau i ni, ond gwisgodd goron ddrain er ein mwyn. Ni ddygodd beraroglau'r byd i ni, ond fe'n hachubwyd ni trwy chwys Gethsemane a thywalltiad ei waed ar Galfaria. Er ein mwyn ni y gwnaeth hyn i gyd. 'Nid oes gan neb gariad mwy na hyn, sef bod rhywun yn rhoi ei einioes dros ei gyfeillion' (Ioan 15:13). Wrth Ei adnabod Ef, ac wrth brofi yn ein bywyd gariad yr Iesu, y medrwn ddechrau caru fel yr Iesu, yn bur a diamod ac yn anhunanol; gan osod y person arall yn gyntaf: parchu Duw a pharchu cyd-ddyn.

'Diolch iddo byth am gofio llwch y llawr.'

## Y Chweched Gorchymyn:

# 'Na ladd'

Yn ôl y Cenhedloedd Unedig, roedd 100,000 o bobl wedi eu lladd yn y rhyfel yn Syria erbyn mis Awst 2013, gyda 6,000 ohonynt yn blant bach dan 6 mlwydd oed. Ac eto, mae Barack Obama (gyda llawer o amharodrwydd) a David Cameron a William Hague (gydag awch mawr) yn dyheu (neu fel y dywedwn ni, braidd yn eironig, yn Sir Gaerfyrddin, 'just â marw') eisiau ymyrryd yn y gyflafan, ac yn arbennig eisiau rhoi arfau i'r dynion 'da' ymysg gwrthwynebwyr Assad. Ni wyddant sut y gellir dewis y 'da', na sicrhau y caiff y rhain yr arfau i ladd eu cyd-ddynion. Hawlir yr ymyrraeth ar sail y ffaith fod y *llinell goch* wedi ei chroesi. Defnyddio cemegau yw 'croesi'r llinell goch'. Ond ychydig o'r rhain a ddefnyddiwyd, ac ni wyddom i sicrwydd pa ochr a'u defnyddiodd. Dyma adlais o ryfyg Blair a Bush a'n harweiniodd i ryfel yn Irac, heb i'r llinell goch fod wedi ei chroesi bryd hynny gan na ddoed o hyd i'r arfau dinistr eang (*'weapons of mass destruction'*) a oedd wedi eu cyflwyno fel y rheswm dros ymyrryd mewn gwlad arall, annibynnol.

Os oes amheuaeth o gwbl ynghylch perthnasedd erthyglau'r gyfres hon ar Ddeg Gorchymyn Moses, yn sicr fe chwelir pob amheuaeth gan y chweched gorchymyn; 'Na ladd' (Exodus 20:13). Yn wir, yn ystod y 2,000 o flynyddoedd diweddaf, ni fu erioed fwy o eisiau'r dystiolaeth a geir yn y gorchymyn hwn na heddiw. A rhaid cofio nad yw byth yn ddigon da i fynegi yn unig egwyddorion cyffredinol y Beibl a'r Efengyl ar unrhyw bwnc; mae angen hefyd dweud rhywbeth wrth rywun, a'i ddweud wrth y rhywun hwnnw dan amgylchiadau arbennig ei fywyd a'i sefyllfa. Mae ein byd wedi ei foddi dan yr holl ladd; a hynny nid yn unig yn Syria yn ddiweddar. I ba gyfeiriad bynnag y trown, gwelwn gyd-ddyn yn lladd cyd-ddyn: yn Affrica – Nigeria, Congo, Rwanda, Ethiopia a'r Aifft; yn Chetnya, Myanmar, Corea, Afghanistan a Phacistan. A gwelwn filoedd o bobl yn cael eu lladd am wahanol resymau o fewn cenhedloedd arbennig, fel y gwnaeth Stalin y paranoid yn Rwsia, a Hitler y seicopath ar draws Ewrop, ac fel sy'n digwydd heddiw yn Nhwrci a Brasil; ac fel y gwnawn ninnau hefyd mewn ysbytai yng ngwledydd Prydain bob blwyddyn trwy erthylu bron i 200,000 o fabanod iach, wrth geisio'r un pryd achub babanod ifainc mewn theatr gyfagos. Ac yn ddiweddar, cafwyd galwad gref, yn enwedig yn Nhŷ'r Arglwyddi gan yr Arglwydd Faulkner ac eraill, i ni roi help llaw i ladd yr hen a'r ffaeledig. Y gair llednais am y lladd hwn yw 'ewthanasia'. Diolch am yr Arglwydd Alex Carlile a'r Farwnes Ilora Finlay sy'n gwrthwynebu'r syniad yn gryf. Mae hyn yn arbennig o bwysig pan geisir cael meddygon teulu i wneud y lladd, a hwythau wedi eu hyfforddi a'u haddysgu i achub bywyd ar bob cyfrif, ac wedi i'r meddyg teulu Dr Harold Shipman beri braw eang wrth ladd dros 300 o'i gleifion.

Mae'n anodd deall pam fod cymaint o ddicter a lladd yn y byd pan yw pobl yn fwy deallus, gwybodus a chyfoethog nag a fuont erioed. Ond yn sicr, mae'r chweched gorchymyn yn bendant berthnasol i fyd sy'n berwi i farwolaeth a hunan ddistryw. Gobaith ein byd yw Gair Duw ac Efengyl Ei Fab, a roddodd i'r byd – wrth rodio ar ein daear – 'orchymyn newydd ar garu ohonom ein gilydd'. A mwy, '... câr dy elyn a gwna dda dros y rai a wna niwed i ti' (seiliwyd ar Ioan 13:34; Mathew 5:43).

Nid dyna bwyslais ein harweinyddion cenedlaethol, gwladol, gwleidyddol a chymdeithasol nac arweinyddion crefyddol byd-eang ein dydd, fel y dangosais eisoes. Felly, rhaid i'r mwyafrif mud weiddi'n uchel fod yna ffordd arall, ffordd Tywysog Tangnefedd a heddwch a chymod. Canys y mae cariad Crist yn ein cymell ni i garu cyd-ddyn a hyd yn oed elynion. Rhaid cofio'r hyn a ddywedodd yr Athro J. E. Daniel, *'Y mae dynion yn un am mai delw'r un Duw sydd ar eu creu, ac am mai marwolaeth unig-anedig Fab y Duw hwnnw yw'r iawn dros eu pechodau. Y mae pob dyn yn frawd y bu Crist farw drosto.'* Yn wir, pan ddown fel ei blant o flaen ein Duw, fe hola'r Tad nefol hynt aelodau eraill y teulu dynol, gan ofyn i ni fel y gwnaeth i Cain gynt, 'Ble mae dy frawd?' Dyna'r un syniad a ddengys yr Iesu hefyd wrth ein cymell â'i eiriau, 'Os dygi dy rodd i'r allor, ac yno dyfod i'th gof fod gan dy frawd ddim yn dy erbyn; gad yno dy rodd ... yn gyntaf cymoder di â'th frawd, ac yna tyred ac offrwm dy rodd' (Mathew 5:23). Rhagrith noeth yw gweiddi, 'Heddwch, Heddwch' ar lwyfan gwleidyddol neu eisteddfodol ac o bulpud a chasáu a cham-drin gwragedd a theulu a'r rhai bychain o'ch amgylch!

Wrth weld y tswnami o drais a'r rhyfela sy'n goddiweddyd ac yn bygwth ein gwareiddiad cyfan, sonia ein harweinyddion byth a beunydd am greu 'Cymdeithas Fawr', cymdeithas o bobl newydd a all fyw'n heddychlon a helpu ei gilydd, pobl dda a moesol a chariadus. Ond er eu holl gynlluniau modern, methu a wnaethant. Ni all dynion pechadurus, boed wleidyddion neu awduron, greu dynion da. Yn eu dryswch anobeithiol, cyfaddefant mai'r gwir angen yw ysbryd Cristnogol mewn pobl. Ond ni ellir cael ysbryd y Crist croeshoeliedig, atgyfodedig i weithredu mewn unrhyw ddyn heb ei fod ef neu hi yn wir Gristion sydd wedi credu yn Iesu Grist fel ceidwad a'i dderbyn Ef yn Arglwydd ar bob rhan o'i fywyd. Y bobl hyn, gyda chariad Crist wedi eu llwyr feddiannu nes arllwys drosodd i'w byw ac i'w perthynas â'u cyd-ddynion, all greu cymdeithas heddychlon. Diffyg gweld hyn ym mywyd yr Eglwys yn ei ddydd oedd sail beirniadaeth yr heddychwr George M. Ll. Davies. *'Gwelir'*, meddai, *'ar binaclau'r Eglwys y groes ond ni welir ei grym. Gwelir yr ysbail ond ni welir yr ysbryd. Pregethir yr Iesu a fu farw ond nid yr Iesu sydd i fyw yng nghalon dyn. Perchir y Sabothau* [ddim mwyach] *a'r mân ddefodau a thraddodiadau, ond diystyrir y gorchymyn newydd ar garu o ddynion ei gilydd.'* Gellir ychwanegu heddiw y diystyrir hefyd y Crist. Y fath drasiedi, oblegid dyma'n hunig obaith a'r ffordd i wir heddwch, canys 'efe a fu farw dros bawb, fel na fyddai i'r rhai byw fyw mwyach iddynt eu hunain, ond i'r hwn a fu farw drostynt, ac a gyfodwyd' (2 Corinthiaid 5:15). Cariad y Crist hwn yn unig all ein cymell i'w garu Ef ac i garu cyd-ddyn. Bydded i bob darllenydd wybod y cariad hwn a medru atsain geiriau nerthol, byw'r emynydd,

> Ymlochesaf yn ei glwyfau,
> ymgysgodaf dan ei groes,
> ymddigrifaf yn ei gariad,
> cariad mwy na hwn nid oes;
> cariad lletach yw na'r moroedd,
> uwch na'r nefoedd hefyd yw:
> ymddiriedaf yn dragwyddol
> yn anfeidrol gariad Duw.

## Y Pumed Gorchymyn:

# 'Anrhydedda dy dad a'th fam'

Mae gan bawb eu barn am achosion y gyflafan – y lladrata, y llosgi a'r sarhad yn Llundain a threfi Lloegr ym mis Awst 2011. Ond does gan neb ateb cyflawn. Anghytunaf â Tony Blair – a'n camarweiniodd, a mynd â ni i ryfel yr oedd amheuaeth fawr ynghylch ei gyfreithlondeb – pan ddywed nad oedd y gyflafan hon yn ganlyniad i ddirywiad moesol y genedl. Ond cytunaf ag ef ac eraill pan ddywedant mai chwalfa'r teulu yw un o'r achosion pennaf. Rhyfeddaf iddo gydnabod hyn, a ninnau'n gwybod mai yn ystod y cyfnod yr oedd Llafur yn llywodraethu, ac yn enwedig rhwng 1997 a 2007 pan oedd Blair yn Brif Weinidog, y digwyddodd y dirywiad mwyaf. Roedd ei lywodraeth yn wrth-gristnogol mewn gair a gweithred. Datganodd Alastair Campbell, ei lefarydd, yn hyf, 'We don't do God' (o leiaf yn gyhoeddus). Chwalwyd teuluoedd a phriodas trwy gosbi'r tad a'r fam briod wrth roi i'r dibriod, ac yn enwedig y partner a drigai ar wahân i'w blant, fwy o dâl. Ar yr un pryd, cafodd y ferch ddibriod, sengl flaenoriaeth o ran tai a buddiannau eraill.

Dim ond wrth gydnabod achosion y gyflafan bresennol y medrwn ddechrau meddwl am feddyginiaeth gymwys, a gobeithio datrys y broblem gymdeithasol. Os na lwyddwn, fe bery pryder parhaus yn y tir – yn enwedig yn ein trefi mawr, a bydd bygythiad parhaus y gwelwn ail-adrodd y gyflafan. Anodd credu hyn mewn gwlad sy'n ei hystyried ei hun yn genedl wâr. Ond ar y llaw arall, o sylweddoli'r hyn a ddigwyddodd i'n cyfundrefn deuluol, ni ddylem gael ein synnu o gwbl wrth weld y problemau cyfoes, gan mai'r teulu a phriodas fu'n sail i'n cymdeithas am filoedd o flynyddoedd. Canlyniad uniongyrchol lleihau gwerth priodas yw tanseilio awdurdod rhieni, a meithrin – a hyd yn oed ddyrchafu – teuluoedd mamau sengl; mae'r cyfan yn esgor ar ansicrwydd plant ac yn arwain at ymddygiad gwrthgymdeithasol.

Gwelwn eto fod y Deg Gorchymyn mor berthnasol ag erioed. Myn y pumed gorchymyn: 'Anrhydedda dy dad a'th fam' (Exodus 20:12). Ond cyfaddefwn ei bod yn anodd parchu mam a'n camddefnyddiodd a thad absennol na wyddys pwy ydyw neu ble neu bryd y deuwn o hyd iddo. Fel y dywedwyd eisoes, er mwyn cael teulu llwyddiannus rhaid i'r plant barchu eu rhieni. Ond rhaid pwysleisio'r un pryd yr angen i rieni fod yn deilwng o'r parch hwnnw.

Cofier i Joseff a Mair ffromi wedi iddynt golli eu mab Iesu wrth fynd adref o Jerwsalem pan oedd Iesu'n ddeuddeg oed. Wedi iddynt ddychwelyd yno a'i ganfod ymysg athrawon y deml, dywedodd Iesu wrthynt fod rhaid iddo fod ymysg y pethau a berthyn i'w Dad nefol. Felly, nid yw Iesu hyd yn oed yn rhoi cydsyniad distadl i'w rieni: rhaid wrth gyd-ddealltwriaeth. Dengys ymchwil manwl fod yna grŵp bach o deuluoedd sy'n hollol gamweddus. Bydd rhaid delio â'r rhain, deulu wrth deulu, a'u dysgu a'u disgyblu gan ddefnyddio addysg a'r gyfraith. Er y dicter tuag atynt, rhaid cofio nad oes unrhyw fudd mewn cymryd i ffwrdd yr ychydig sydd ganddynt, boed dai neu fudd ariannol. Ni all neb fyw ar ddim. Ac wrth sôn am ddelio â'r teuluoedd hyn, un ar y tro, cofiwn y bydd rhaid delio yn y diwedd â phob unigolyn. Ond diolch i'r Duw graslawn, nid oes neb y tu hwnt i achubiaeth y Crist byw.

A rhaid cyfaddef eto nad y grŵp hwn yn unig oedd yn lladrata ac yn llosgi ac yn sarhau eu cymdogion yn y terfysgoedd diweddar. Ymysg y troseddwyr caed pobl foethus a 'diwylliedig', mewn swyddi da. Felly, mae'r gorchymyn i barchu tad a mam yn berthnasol i'r bobl hyn hefyd, yn arbennig o gofio y gellir deall 'mam' a 'thad' fel termau ehangach sy'n cyfeirio at unrhyw aelod o gymdeithas, yn enwedig ein hynafgwyr. Yn amlwg, mae angen dysgu pobl o bob oed i barchu yn fwy cyffredinol. Fel y dywed yr Apostol Paul, 'Rhowch y blaen i'ch gilydd mewn parch'.

Dyma orchymyn Duw: 'Parcha ... anrhydedda dy dad a'th fam'. Gweddïwn, 'O na bawn yn fwy tebyg i Iesu Grist yn byw'.

## Y Pedwerydd Gorchymyn:

# 'Cofia'r dydd Saboth'

Mae ein llyfrgelloedd yn llawn o lyfrau sy'n cynnwys y teitl 'llonyddwch'. Bob yn eilddydd ceir erthyglau di-ri' yn y papurau newydd, a llyfr newydd bron bob wythnos, yn sôn am ymlacio ac ymlonyddu. Y diweddaraf o'r rhain, sy'n gwerthu orau yn yr Unol Daleithiau, yw *Quiet: the power of introverts in a world that can't stop talking*. Yn ôl y sôn, mae pob un o weinidogion y Llywodraeth wedi cael copi ohono.

Yr ydym yn byw mewn byd o sŵn a symud a siarad parhaus, a chwedl y bardd W. H. Davies, heb amser 'to stop and stare'. Mae'r mwyafrif llethol ohonom yn llenwi'n bywydau â gweithrediadau, nes clywn yn aml ddynion ifainc a chanol oed yn dweud geiriau fel, 'Does gen i mo'r amser i ddim'; 'Wn i ddim ble'r aeth yr amser'; 'Mae'r amser wedi gwibio heibio'; 'Does dim digon o amser yn y dydd i wneud popeth'. Mae'r fam ifanc, er enghraifft, yn sôn am y golchi sydd raid ei wneud a'r prydau bwyd sydd raid eu paratoi, ac am fod yn dacsi i'r plant sydd mor brysur gyda'u gwaith ysgol a'u chwaraeon. O ganlyniad uniongyrchol i'r prysurdeb diderfyn, gwallgof hwn gwelwn genedl o bobl wedi blino'n lân. Ac eto, mae un o bob tri o'r bobl hyn, gyda'u prysurdeb a'u pryderon, yn methu â chysgu, fel y dengys yr adroddiad diweddaraf. Caiff y cyflwr hwn ei adlewyrchu gan y ffaith syfrdanol fod meddygon teulu'n rhoi 30,000,000 o bresgripsiynau am gyffuriau lliniarol bob blwyddyn.

Mae hyn yn dangos angen mawr y dyn prysur, modern, sef yr angen i roi diwedd ar yr ymchwil diderfyn am bethau a phŵer a phwysigrwydd, a chael amser i ymlacio ac ymlonyddu. Mae hyn yn hollol angenrheidiol er lles ein hiechyd corfforol, meddyliol ac ysbrydol. 'Pa werth,' medd Y Gair, 'yw ennill yr holl fyd a cholli eich enaid eich hun?' Dyna neges glir stori glasurol Tolstoy, 'Pa faint o dir a fyn dyn?' Yn y stori, roedd yna lwyth yng nghefn gwlad Rwsia a gynigiai i ymwelwr yr holl dir y gallai ei orchuddio mewn un diwrnod. Oherwydd ei drachwant, ceisiodd yntau wneud mwy nag y gallai ei gorff ei oddef, ac ar ddiwedd y dydd syrthiodd yn farw. Cafodd ei gladdu mewn llai na chwe throedfedd o dir!

Mae'n holl bwysig fod dyn yn cael adegau o seibiant a llonyddwch yn ystod ei fywyd prysur. Dyna pam y mae gorffwys ar y Saboth mor hanfodol. Clywn orchymyn ein Tad Nefol, 'Cofia'r dydd Saboth, i'w gadw yn gysegredig' (Exodus 20:8). Wedi chwe diwrnod o greu'r byd, gwelodd Duw yn dda i orffwys ar y seithfed dydd. Os oes ar y Creawdwr angen adegau o ymlonyddu, mae ar ei greaduriaid yn sicr angen adegau o'r fath. 'Ymlonyddwch, a gwybyddwch mai fi sydd Dduw' (Salm 46:10).

Yn anffodus, yn ein mania erchyll, yr ydym wedi treisio'r Sul. Rwy'n cydnabod mai rheidrwydd oedd gwneud rhai newidiadau i'r ffordd o gadw'r Sul, ond nid oedd eisiau rhoi penrhyddid i ddyn i wneud fel y mynnai arno. Yn hytrach na bod pobl yn ymlacio a gorffwyso ar y Sul, maent yn brysurach o lawer wrth i'r Sul fynd yn debyg i bob diwrnod arall ac wrth i bobl ei anwybyddu fel dydd i'w gofio a'i gysegru. Gwaetha'r modd, gwn fod hyn yn rhan o'r dirywiad crefyddol yn ein gwlad, a Duw, chwedl y bardd, 'ar drai ar orwel pell'. Dirywio hefyd a wnaeth iechyd corfforol, teuluol, meddyliol ac ysbrydol ein cenedl. A bod yn gwbl blaen, mae arnom ni fel pobl fwy o angen y Sul – fel dydd i ymlacio ac i'w gysegru – nag sydd ar y Sul ein hangen ni.

Mae gorffwys ar y Sul yn rhoi cyfle i ni ymlonyddu ac i'r teulu fod gyda'i gilydd a dod i adnabod ei gilydd a bwyta pryd o fwyd gyda'i gilydd. Mae'n rhoi cyfle hefyd i feddwl am bethau dyfnach, megis ein meidroldeb, ein taith ddaearol, y diwedd a'n tynged dragwyddol. Ac uwchlaw'r cyfan, mae'n gyfle i gofio'n Creawdwr a'n Cynhaliwr a'n Hachubwr.

Cofiaf yn dda un o'm cleifion yn dod i'm gweld am y tro cyntaf yn f'ystafell ymgynghori breifat. Gosododd bentwr o bapurau £10 ar y ddesg a gofyn am '*Quick fix*' i'w broblemau a'i bryderon, ond nid oedd yn fodlon newid ei fywyd prysur fel uwch-oruchwyliwr dros filoedd o weithwyr. Ac fel y dyn hwnnw, mae cymaint o bobl eraill yn gofyn am help – er mwyn gallu cadw mor brysur ag erioed! Ond yn y bôn, er mwyn gwella mae'n rhaid iddynt newid eu ffordd o fyw, ac yn arbennig ddysgu ymlacio ac ymlonyddu. Rhaid i'r Cristion hefyd ddysgu ymlacio ac ymlonyddu, a chael adegau tawel ym mhresenoldeb y Tad Nefol. Dyna'r esiampl a rydd yr Arglwydd Iesu i ni. Ar ddiwedd dydd, ac yntau'n flinedig wedi'r prysurdeb mawr ymysg y torfeydd a fyddai'n ei ddilyn, byddai ein Harglwydd yn ffoi i dawelwch y môr neu'r mynydd, yr anialwch neu'r ardd, i gymuno â'i Dad Nefol. Mae'n gwbl angenrheidiol i ninnau hefyd gael ein 'tywys i'r dyfroedd tawel', i'r hedd nas gŵyr y byd amdano, er mwyn i ninnau allu dweud o brofiad, 'fe ddychwel fy enaid'. Mae'n bosibl mai geiriau symbolaidd yw'r rhain, ond maent hefyd yn ffeithiau ymarferol.

Mae eisiau adfer ein hiechyd corfforol, meddyliol ac ysbrydol fel cenedl; a cham pwysig at wneud hyn fydd adfer y Sul yn ein gwlad gan roi cyfle i 'gofio y dydd Saboth, i'w gadw'n gysegredig'.

Y Trydydd Gorchymyn:

# 'Na chymer enw'r Arglwydd dy Dduw yn ofer'

Adlewyrcha'r rhegi a'r cablu eang yn ein cymdeithas fodern 'oleuedig' ddirywiad crefydd a moes yn ein gwlad. Clywn enw Duw ac enw ein Harglwydd Iesu Grist yn cael eu defnyddio fel rheg yn aml iawn, ar y stryd, yn y siopau, ar y trên a'r bws, a chan bobl o bob rhan o gymdeithas. Eisteddwn yn ddiweddar yn ystafell aros cwmni o gyfreithwyr blaenllaw. Daeth pedwar o gyfreithwyr i mewn i ddisgwyl am gyfarfod; yn allanol, roedden nhw'n edrych yn dda, wedi eu gwisgo'n drwsiadus, ond roedd eu cablu parhaus yn adlewyrchu bryntni mewnol eu meddyliau. Clywir cablu yn gyson ar y radio, ac yn enwedig ar y teledu. Ar rai adegau, caiff yr enwau 'Iesu' a 'Christ' eu defnyddio'n ofer ychydig o weithiau mewn rhaglen arbennig; ond ar adegau eraill, megis y rhaglen, *Mrs Brown's Boys*, cawn y prif gymeriad yn defnyddio enw Crist yn ofer ym mhob brawddeg bron. Hoffwn ofyn i'r BBC beth ddigwyddai pe defnyddid yr enw 'Mohammed' fel hyn, o gofio fel y cafodd Salmon Rushdie ei erlid wedi iddo, yn nhyb y credinwyr, fod yn euog o ddefnyddio enw'r proffwyd yn ofer yn un o'i lyfrau ffuglen.

Gwaethygodd y sefyllfa mor ofnadwy yng ngwledydd Prydain nes bod un geiriadur diweddar yn cynnwys y diffiniad hwn: 'Christ, *expletive* ...'.

A dyma hyd yn oed a ddywed y *Concise Oxford Dictionary* (1995): Jesus: *An explanation of surprise, dismay, etc.* (*Name of founder of Christian religion c. AD 30*).

Mae'r gosodiadau hyn yn hollol annerbyniol ac yn wir yn cynddeiriogi dyn, er ein bod yn cydnabod ei fod yn adlewyrchu'r oes baganaidd y trigwn ynddi.

Am wythnos gyfan yn ddiweddar, amlygwyd i'r byd y rhegi a'r cablu eang, dychrynllyd sy'n digwydd ym myd chwaraeon, ac yn enwedig o fewn y gêm fwyaf poblogaidd ar y blaned. Er bod John Terry wedi cael ei ddyfarnu'n ddieuog mewn llys barn o ddefnyddio iaith hiliol, clywsom am wythnos gyfan am halogrwydd cae chwarae'r peldroedwyr. Rhaid oedd i Anton Ferdinand, y chwaraewr a gyhuddodd Terry o droseddu, ofyn i'r llys faddau iddo'r iaith anweddus, y cablu a'r rhegi a ddefnyddiwyd ganddo ef a'i gydchwaraewyr. Gwyddys fod y chwaraewyr hyn, sy'n ennill hyd at £200,000 yr wythnos, yn arwyr ac eiconau i filoedd o bobl a phlant bach, a bod ganddynt ddylanwad mawr drostynt. Clywn esiamplau lu o blant 7 ac 8 mlwydd oed yn cablu a rhegi fel eu harwyr. Er i Terry gael ei ddyfarnu'n ddieuog o'r cyhuddiad, cyffesa'r awdurdodau fod rhaid iddynt lanhau iaith ac ymddygiad y chwaraewyr. Mae'r chwaraewyr enwog hyn yn ymddwyn fel moch bach; byddai Dylan Thomas yn eu galw'n gwn bach. Yn sicr, mae angen glanhau ac addysgu'r chwaraewyr, a hefyd ganlynwyr 'y gêm brydferth', fel y'i gelwir yn eironig braidd.

Er addo a cheisio glanhau bywydau eraill, mae'n anodd i unrhyw ddyn neu grŵp o ddynion, wneud hynny mewn gwirionedd. Dim ond y Duw Sanctaidd, maddeugar all lanhau dyn. Gŵyr ef yr hyn sydd mewn dyn, gŵyr am ein pydredd a'n bryntni; ac wele Ef yn datgan y gorchymyn hwn, 'Na chymer enw'r ARGLWYDD dy Dduw yn ofer' (Exodus 20:7). Rhaid parchu'r enw. Dyma ffordd y glanhad. Ni allwn ni sy'n dwyn ei enw byth gymryd ei enw'n ofer. Ac ni ddylem adael i neb arall, boed ffrind neu gymydog, ac yn sicr aelod o'n teulu, gymryd ei enw'n ofer. Pan glywaf unrhyw un yn cablu, gofynnaf yn raslon iddo dewi am fod yr Iesu'n Arglwydd ac yn ffrind personol i mi.

Mor bwysig yw pob enw. Cymer rieni amser i ddewis enw i'w mab neu ferch, a hoffant i bawb ddefnyddio'r enw'n briodol. Nis hoffwn pan anghofia rhywun ein henw. Rhoddwyd enw arbennig i Fab Duw, sef 'Iesu'. 'A gelwi ef Iesu, am mai ef a wared ei bobl oddi wrth eu pechodau' (Mathew 1:21).

Mae enw Iesu Grist yn sbesial: 'canys nid oes enw arall dan y nef, wedi ei roddi ymhlith dynion, trwy yr hwn y mae yn rhaid i ni fod yn gadwedig' (Actau 4:12). A phwysleisia'r Apostol y ffaith bwysig hon yn ail bennod ei lythyr at y Philipiaid: 'Er ei fod ef ar ffurf Duw, ni chyfrifodd fod cydraddoldeb â Duw yn beth *i ddal gafael ynddo*, ond fe'i gwacaodd ei hun, gan gymryd ffurf caethwas a dyfod ar wedd ddynol. O'i gael ar ddull dyn, fe'i darostyngodd ei hun, gan fod yn ufudd hyd angau, ie, angau ar groes. Am hynny tradyrchafodd Duw ef, a rhoi iddo'r enw sydd goruwch pob enw, fel wrth enw Iesu y plygai pob glin yn y nef ac ar y ddaear a than y ddaear, ac y cyffesai pob tafod fod Iesu Grist yn Arglwydd, er gogoniant Duw Dad' (Philipiaid 2:6–11).

Rhaid adfer anrhydedd ei enw. Dyma orchymyn Duw ei hun. Felly y cawn lendid iaith. Ac y mae'n gam hanfodol i fywyd glân a sanctaidd. A dyma bwyslais y Salmydd: 'Pwy a esgyn i fynydd yr Arglwydd a phwy a saif yn ei le sanctaidd? Y glân ei ddwylo [a genau] a'r pur o galon, yr un sydd heb osod ei feddwl ar dwyll a heb dyngu'n gelwyddog' (Salm 24:3–4). Nid person wedi gwisgo duwch y truan ac yn amddifad o bob hiwmor a hapusrwydd mo'r sanctaidd a'r glân. Cofier, er ei holl draha, nad dyn mawr ond dyn bach yw'r cablwr a'r rhegwr gan amlaf, ac mai adlewyrchu teimladau o israddoldeb a wna. Mae nerth mewn glendid gair a gweithred, a'r perarogl yn felys i'r awyrgylch ac yn esgor ar fiwsig o lawenydd pur, oblegid 'dim ond calon lân all ganu ...'.

A thu hwnt i'r cyfan, yng nghanol y sôn am y tswnami o fryntni'r dyddiau diweddaraf hyn ym mhob congl o'n cymdeithas, yn cynnwys y sefydliadau parchusaf a phwysicaf – cofier am amod ac addewid y Duw Sanctaidd i genedl Israel gynt, sy'n aros yn berthnasol i'n cenedl ni heddiw: 'Ymgysegrwch, oherwydd yfory bydd yr ARGLWYDD yn gwneud rhyfeddodau yn eich mysg' (Josua 3:5).

Gweddïwn felly y sancteiddier ei enw yn y tir o'r newydd, ac y sancteiddiwn ninnau ein hunain fel cenedl o'r newydd dan ddylanwad ei Lân Ysbryd, fel y medrwn ddweud gyda'r Salmydd: 'Dyma'r genhedlaeth sy'n ei geisio, sy'n ceisio wyneb Duw Jacob' (Salm 24: 6), ac yna medru disgwyl yn ein dydd ni i gael gweld eto ryfeddodau'r Duw a greodd dir a môr ... a'i weld yn 'rhwygo'r nefoedd, a dod lawr, a'r mynyddoedd yn toddi o'th flaen ... er mwyn i'th enw ddod yn hysbys' (Eseia 64:1 a 2). Sancteiddier ei enw; Sancteiddiwch eich hunain.

Yr Ail Orchymyn:

# 'Na wna iti ddelw gerfiedig'

Deuthum bron i ddiwedd y gyfres hon gan ryfeddu fwyfwy mor berthnasol i'n cenedl ni heddiw yw'r Deg Gorchymyn a roddwyd trwy Moses i genedl Israel oddeutu 5,500 o flynyddoedd yn ôl. Gellir edrych ar y ddau orchymyn sy'n weddill gennym i'w trafod, sef yr ail a'r cyntaf yn rhestr Moses, fel dwy ochr i'r un geiniog: y cyntaf yn pwysleisio'r agwedd bositif a'r ail y negyddol.

Daeth 'Na wna iti ddelw gerfiedig' (Exodus 20:4) ac 'Na chymer dduwiau eraill ar wahân i mi' (20:3) yn orchmynion clir, negyddol, ond perthnasol iawn ar y pryd am fod cenedl Israel – yn union wedi iddi dderbyn y Deg Gorchymyn – wedi troi oddi wrth ei Duw ac oddi wrth y gorchmynion hynny. Gorfu i Moses ddychwelyd eilwaith i fynydd Sinai i gyfarfod â Duw, ac yn ystod y deugain niwrnod y bu yno dangosodd Duw iddo fod y genedl eisoes wedi cilio oddi wrth y ffordd 'a orchmynnais iddynt; gwnaethant iddynt eu hunain lo tawdd, ac y maent wedi ei addoli ac aberthu iddo,' a dweud mai'r eilun hwn a'u rhyddhaodd o gaethiwed enbyd yr Aifft (Exodus 32:7–14).

Mor barod yw dyn i anghofio'r Duw sydd wedi ei greu a'i gofio a'i garu. Mor barod ydym heddiw i droi cefn ar Dduw a chreu lloi aur i'w haddoli a'u gwasanaethu. Ceisiwn, er enghraifft, feddu pethau a chyfoeth, a rhown ein holl fryd arnynt er y bydd rhaid i ni o fewn amser byr iawn adael y cyfan ar ôl.. Mynnwn dai, dodrefn, ceir, setiau teledu, i-phones, i-pads, a phethau di-ri. Yr ydym yn cydnabod wrth gwrs bod rhai o'r pethau hyn yn angenrheidiol ar gyfer byw bywyd normal, ond y trasiedi yw ein bod yn prynu cant a mil o bethau i'w haddoli sy'n ein boddi mewn dyled. Anghofiwn eiriau'r Iesu, yr un nad oedd ganddo le i roddi ei ben i lawr, 'Pa werth ennill yr holl fyd a cholli eich enaid eich hun?' Ceisio pethau a'r materol, a cholli enaid yw ein hanes fel pobl heddiw.

'Na wna iti ddelw gerfiedig'. Llo aur arall y trown ato heddiw yw pwysigrwydd – y seleb! Addolwn Adele, Lady Gaga, y Manic Street Preachers, a hyd yn oed hen sêr gwywedig fel y 'Stones'. Ceisiwn ennill cystadlaethau gau a ddaw, mi gredwn, ag enwogrwydd a chyfoeth buan i ni. Mae bechgyn ifainc yn ceisio lle yn academi un o glybiau'r *Premier*

*League*, er mwyn bod yn 'Bale y bêl' ac ennill enwogrwydd a £300,000 yr wythnos. Mae fy ŵyr bach, a oedd ar un pryd yn academi Arsenal, yn beio ei fam am iddo golli ei gyfle mawr mewn bywyd, am na allodd hi barhau i'w gludo i'r ymarfer, a hithau ar y pryd yn feichiog a chanddi ddau o blant bach eraill i ofalu amdanynt hefyd!

Mae chwaraeon yn llo aur amlwg y mae lliaws yn ei addoli. Ond pan alwn reolwr clwb pêl droed yn 'Sant Mackay' a rheolwr tîm rygbi Cymru'n 'Geidwad' mae'r addoli'n sarhad ar enw Duw. Dylem barchu enw ein Duw ac enw ei Fab Iesu Grist, ond bellach aeth yr Enw hwn bron yn angof yn y tir, ac mae rhai'n credu mai geiriau rheg yw 'Duw' a 'Iesu'. Mor addas yw geiriau Duw wrth Moses i ddisgrifio'r rhain heddiw, 'pobl ... wedi eu halogi eu hunain'.

Llo aur arall y mae ein cenedl yn ei addoli yw addysg, sydd wedi galluogi cymaint ohonom i ddringo allan o dlodi materol a diwylliannol. Diolch i famau a thadau a weithiodd yn galed i sicrhau addysg dda i'w plant. Piti iddynt gynhyrchu plant clyfar a drodd oddi wrth Dduw eu tadau! Pwysleisiwyd pwysigrwydd geiriau Lladin a Ffrengig, ond esgeuluswyd pwysleisio pwysigrwydd geiriau'r Ysgrythurau. Rhoddwyd amser i astudio a chwarae, ond ni roed amser i addoli a gweddïo. Collwyd dwy neu dair cenhedlaeth o'n heglwysi, a chollodd y plant – sy' nawr yn dadau a mamau eu hunain – flas ar grefydd a phob awydd i arwain eu plant hwythau i adnabod Duw a'i Fab Iesu ac i fynychu capel neu eglwys.

Yn sicr bu gwyddoniaeth a'r darganfyddiadau rhyfedd, megis medru anfon pethau y tu allan i'n bydysawd ni ein hunain am y tro cyntaf, a medru creu ymennydd llawn, os bach iawn, o groen ein dwylaw, yn llo aur, a osododd ddyn ei hun ar yr orsedd i'w addoli. Ond wedi'r cyfan, er ei glyfrwch y cwbl a gyflawnodd y gwyddonydd oedd darganfod cyfrinachau *in situ* y greadigaeth. Ac yn ddi-os, mae yna ffiniau i'r wybodaeth y gall dyn ei derbyn, fel yr atgoffa Eseia ni, 'Fel y mae'r nefoedd yn uwch na'r ddaear, y mae fy ffyrdd i yn uwch na'ch ffyrdd chwi, a'm meddyliau i na'ch meddyliau chwi' (Eseia 55:8).

Diwylliant ac iaith yw llo aur cymaint o Gymry heddiw. Yn aml, maent yn gwybod y geiriau ond heb adnabod y Gair, ac yn sicr heb fod yn anrhydeddu'r Duw a'u creodd ac a roddodd iddynt allu arbennig i greu trwy ddefnyddio iaith a geiriau. Seiri ydynt a anghofiodd y Saer a'u creodd. Cyffesodd Lewis Valentine, un o wir arwyr y genedl, na fynnai ef Gymru Gymraeg ei hiaith a fyddai'n ddi-Grist. Beth yw sail seremonïau mwyaf ein cenedl, y Coroni a'r Cadeirio? Cristnogol neu ffug Gristnogol? Er mwyn tynged barhaol ein cenedl, cofiwn orchymyn y Duw Sanctaidd, 'Na chymer i ti dduwiau eraill ar wahân i mi'.

Yn ystod y ganrif ddiwethaf, daeth seicoleg a seiciatreg, a'r driniaeth seicotherapi a seicdreiddiad i fri gan ddenu miloedd o ddilynwyr. Yn ystod hanner olaf y ganrif ddiwethaf, tra gwelwyd y torfeydd yn troi cefn ar y capeli ac eglwysi, gwelwyd hwy'n llifo i glinigau'r seiciatrydd nes i rai alw'r olaf yn 'offeiriaid yr ugeinfed ganrif'. Ond ni all seiciatreg na seicoleg, er eu heffeithiolrwydd arbennig i wella llawer o gyflyrau dyn, gymryd lle ffydd. Yn wir, cyfaddefodd dau seiciatrydd penna'r ganrif hyn. Roedd Freud yn cydnabod, er i'w seicdreiddiad waredu ei gleifion oddi wrth eu symptomau, nad oedd y cleifion hynny'n holliach. Taerodd Jung yn gryf, er bod ei seicdreiddiad ef yn effeithiol fel meddyginiaeth, na fu i unrhyw un gael llwyr iachâd heb ailgydio yn ei ffydd.

Mae'n dda cofio bod yr Arglwydd Iesu ei hun wedi wynebu'r broblem hon. Gwelodd y torfeydd a'i dilynodd yn cefnu arno, a gofynnodd i'r Deuddeg, 'A ydych chwithau hefyd, efallai, am fy ngadael?' (Ioan 6:67). Ateb llefarydd arferol y Deuddeg, sef Pedr, oedd gofyn cwestiwn arall rhethregol, 'Arglwydd, at bwy yr awn ni? Y mae geiriau bywyd tragwyddol gennyt ti'. Dyna awgrym clir nad oes gan neb arall eiriau'r bywyd. A geiriau'r Duw hwn yw, 'Myfi yw'r Arglwydd dy Dduw ... Na chymer dduwiau eraill ar wahân i mi'.

Erys y cwestiwn i bawb ohonom, 'Pwy neu beth a addolwn?' Beth yw'r peth neu'r person pwysicaf yn ein bywyd? Beth a ddymunwn uwchlaw pob peth arall? Oes gennym lo aur a addolwn ac yr aberthwn y cyfan drosto? Wrth fynd o flaen y barnwr terfynol, a fyddwn ni'n medru tystio, 'Caraf yr Arglwydd fy Nuw â'm holl galon, ac Efe yn unig a addolaf ac a wasanaethaf?'

## Y Gorchymyn Cyntaf:

# 'Na chymer dduwiau eraill ar wahân i mi'

Hon yw erthygl olaf y gyfres ar y 'Deg Gorchymyn Heddiw', ond dyma'r gorchymyn cyntaf yn rhestr Moses, 'Na chymer dduwiau eraill ar wahân i mi' (Exodus 20:3), a hynny oherwydd mai 'Myfi yw'r Arglwydd dy Dduw'. Tanlinellir pwysigrwydd y gorchymyn cyntaf gan yr Arglwydd Iesu ei hun wrth iddo ateb y cwestiwn pa un oedd y mwyaf o'r gorchmynion trwy ateb, 'Car yr Arglwydd dy Dduw â'th holl galon ac â'th holl enaid ac â'th holl feddwl ...' (Mathew 19:18). Mae'r gorchymyn cyntaf hwn yn glir a phositif, ac yn cyd-fynd â'r ail orchymyn a'i bwyslais negyddol, 'Na wna i ti ddelw gerfiedig'. Gwelsom yn barod berthnasedd y gorchmynion hyn i'n bywyd ni yn ein gwlad heddiw, gyda chymaint yn troi oddi wrth yr Arglwydd Dduw i addoli lloi aur nad ydynt i'w cymharu â'r

'Anfeidrol annherfynol Fod
A'i Hanfod ynddo'i hun'.

Ond heddiw cawn genedl a fethodd roi ystyr i'r geiriau 'Duw' ac 'Iesu Grist'. Nid yw'r rhain ond geiriau llanw a rheg iddi. Mae stad ein heglwysi a'n capeli, ar wahân i'r eithriadau gloyw prin, yn adlewyrchu maint y dirywiad a'r cefnu a fu ar Dduw ein tadau. Tra gwelir y Mwslemiaid yn dylifo i'w mosgiau, gwacau a wna ein heglwysi a'n capeli ni Gristnogion. Aeth ein haddoliad cyhoeddus ar y cyfan yn rhywbeth cwbl achlysurol i fwyafrif llethol ein pobl, ac y mae rhai o'r cynulliadau a fu'n arwyddocaol yn ein gwlad wedi colli eu pwysigrwydd a'u perthnasedd i'n bywyd heddiw. Mae neges y grefydd Gristnogol yn annerbyniol a dylanwad y Ffydd yn prinhau bron ym mhob cylch o fywyd.

Mae cainc alaethus y bardd ieuanc ganrif yn ôl yn fwy perthnasol heddiw nag oedd hyd yn oed yn 1914 pan ganodd Hedd Wyn,

'Gwae fi fy myw mewn oes mor ddreng,
A Duw ar drai ar orwel pell'.

Wynebwn seciwlariaeth gref, ymosodol sydd mor ffyrnig ag unrhyw grefydd ffwndamental. Cawn Dawkins beunydd yn ceisio pregethu ei neges o anffyddiaeth, gan daeru 'nawr fod mwy o anghredinwyr nag o gredinwyr yng ngwledydd Prydain. Ond ofnaf fod mwy o fygythiad i Gristnogaeth y Gorllewin yn codi o'r difaterwch mawr ymysg ein pobl sydd wedi esgor ar y dirywiad a'r gwrthgiliad eang a welwyd yn ystod y ganrif ddiwethaf. Nid yw pobl yn diddori mwyach ynghylch y pethau a berthyn i'n Tad Nefol. Mae pobl bellach heb wybod am Dduw ac am hanes Iesu Grist ei Fab, Iachawdwr y byd.

Ond gorchymyn cyntaf y Duw Byw, Arglwydd nef a daear, yw i ni ei gydnabod Ef yn Dduw ac yn Arglwydd ein bywyd, a chadw ei orchmynion. Pwysleisia mai dyma'r ffordd i fyw a sicrhau y cawn ni a'n disgynyddion ein bendithio â dyfodol llwyddiannus. Diau y bydd rhai'n amau y medr y Deg Gorchymyn ddod â bywyd tragwyddol i ni. Cytunir eu bod yn cynnwys y meddyliau uchaf ynglŷn ag addoli a byw. Mae'r Testament Newydd yn crybwyll hyn, 'Mae'r gyfraith yn sanctaidd a da' (Rhufeiniaid 7:10). Hyd yn oed ym mhroffwydoliaeth y Cyfamod Newydd, ewyllysiodd Duw osod ei Gyfraith yng nghalonnau ei bobl, 'Rhof fy nghyfraith o'u mewn, ysgrifennaf hi ar eu calon' (Jeremeia 31:33). Gwelir yma'r Duw graslon wrth Ei waith yn achub ac yn adfer. Rhaid felly dderbyn y gorchmynion fel rheolau bywyd i'r bobl sydd wedi eu dwyn i berthynas achubol â'r Duw Byw.

Gwyddom, fel y cawn ein hatgoffa gan yr Apostol Paul, na all unrhyw ddyn sicrhau cyfiawnhad trwy 'gadw gofynion cyfraith' (Rhufeiniaid 3:20; Galatiaid 2:10). Ond ar y llaw arall, ni all yr Apostol ar yr un pryd feddwl am well ffordd i ddisgrifio ymddygiad y gwir Gristion na thrwy ddweud, 'i ofynion cyflawn y Gyfraith gael eu cyflawni' ynddo (Rhufeiniaid 8:4). Pwysleisiwyd hyn yn glir iawn gan Samuel Bolton, un o'r Piwritaniaid uniongred: 'Enfyn y Gyfraith ni i'r Efengyl, fel y cawn ni ein cyfiawnhau, ac enfyn yr Efengyl ni eto yn ôl i'r Gyfraith i wybod beth fydd ein dyletswyddau o fod wedi ein cyfiawnhau'. Dengys y Deg Gorchymyn y ffordd i'r Cristion fyw yn y byd heddiw, fel y gwnaethant i'r Israeliaid gynt. A mwy na hynny, trwy gadw gorchmynion Duw y rhoddwn brawf o'n cariad tuag ato, 'Oherwydd dyma yw caru Duw: bod inni gadw ei orchmynion' (1 Ioan 5:3).

Bu trafod mawr ar y Deg Gorchymyn yn Israel wedi i Dduw eu rhoddi i Moses ar Fynydd Sinai. Wedi'r holl drafod yn Israel, daeth dydd y dewis. Ac felly hefyd yng Nghymru heddiw, daeth dydd y dewis. Mae cenedl Israel ar lan yr Iorddonen yn paratoi i groesi'n fuan i Wlad yr Addewid. Ond cyn hynny, mae Duw am wybod a fydd ei bobl yn ffyddlon iddo, ac yn ei garu ac yn profi hynny trwy gadw ei orchmynion. Yr un pryd, addawodd Duw, os byddent hwy'n barod i ategu hynny, y byddent yn byw ac yn llwyddo yn y wlad yr oeddent yn mynd iddi i'w meddiannu (seiliedig ar Deuteronomium 30:15–17). Ond os bydd i'r genedl droi i ffwrdd a chael ei denu i addoli a gwasanaethu duwiau estron, yna fe fyddai'n cael ein llwyr ddifodi.

Buom ninnau am amser yn ddiweddar yn trin a thrafod y Deg Gorchymyn Heddiw, a daeth y dydd i ninnau hefyd wynebu'r dewis mawr fel cenedl. Gwelsom y trai mawr ar y grefydd Gristnogol yn ein gwlad. Buom fel yr Israeliaid gynt yn crwydro yng nghanol anialwch anghrediniaeth a difaterwch, nes ein bod ninnau hefyd yn wynebu dydd y dewis: naill ai i droi'n ôl i addoli Duw ein tadau, a'i garu Ef a chadw ei orchmynion, a byw a goroesi fel cenedl, neu barhau i droi i ffwrdd, cefnu ar Dduw a'i Fab a fu fyw a marw drosom, a chael ein denu i addoli eilunod gwael y llawr, a marw a chael ein llwyr ddifodi.

Mae'r Duw Byw 'yn galw y nef a'r ddaear yn dystion' wrth iddo roi i ni'r Cymry heddiw'r dewis rhwng bywyd a marwolaeth. Ond mae cenedl yn cynnwys unigolion. Ac er i John Donne ddweud y geiriau a gaiff eu dyfynnu'n aml, 'Nid yw un dyn yn ynys', dim ond rhannol wir yw'r dywediad. Ac y mae Kierkegaard yn pwysleisio bod rhaid i bob dyn wneud dewisiadau mawr ei fywyd ar ei ben ei hun gerbron yr Anfeidrol Dduw. Felly heddiw rwyf am atgoffa pob darllenydd, heb unrhyw eithriad, fod Duw yn rhoi i ti'r dewis rhwng bywyd a marwolaeth. Gweddïwn y 'dewis dithau fywyd, er mwyn i ti fyw, tydi a'th ddisgynyddion, gan garu'r Arglwydd dy Dduw a chadw ei orchmynion ... oherwydd ef yw dy fywyd' (seiliedig ar Deuteronomium 30:11-30).

## RHAN 2: LLOFFION

## BRIWSION

# 'Afghanistan' – Pam fi, Dduw?

Safwn ar lethrau mynyddoedd uchaf y byd, yr Himalayas yn North West Frontier India (Pacistan nawr). Y mynyddoedd tra uchel fel petaent yn cystadlu am yr haul oedd yn tywallt ei belydrau tanbaid yn ddidrugaredd arnaf. Para i syllu ar yr olygfa fawreddog a wnawn, a gweld y mynyddoedd yn cusanu'r nefoedd, a llen o ddwst yn gorchuddio'r cyfan. Wrth i mi syllu draw i gyfeiriad Afghanistan a Kabul, rhyw 100 milltir i ffwrdd, ni allwn lai na chofio geiriau'r Salmydd: 'Pan edrychaf ar y nefoedd, gwaith dy fysedd, y lloer a'r sêr, a roddaist yn eu lle, beth yw meidrolyn, iti ei gofio, a'r teulu dynol, iti ofalu amdano?' (Salm 8:3–4)

Gwerthfawrogwn weithredoedd ei fysedd, ond roeddwn yr un pryd yn ddig wrth fy Nuw. 'Pam fi, Dduw?' oedd fy nghri. Pam oeddwn i, yn grwtyn 18 oed, wedi dod i'r fath diriogaeth? Bum mis yn gynharach, wedi canlyniadau'r arholiadau, roeddwn yn paratoi at fynd i'r Brifysgol cyn mynd ymlaen i Goleg Diwinyddol Aberhonddu.

Yna'n sydyn, clywais gri uchel iawn, 'Come back, Enoch, you b**** fool. Do you want to be killed?' Llais fy nghyd-filwr yn gweiddi o'r car arfog yr oeddem yn teithio ynddo ar y ffordd o Fannu i Razmak, ryw 5 milltir o ffin Afghanistan, lle'r oeddem i aros am amser go hir. Yn wir, roeddwn i aros yn India am dair blynedd a hanner; y rhan helaethaf yn y North West Frontier; a'r gweddill mewn gwahanol rannau o India pan rannwyd y wlad yn ddwy wlad newydd, sef India a Phacistan, wedi'r gyflafan ofnadwy a laddodd filoedd.

Ac roedd y diwrnod hwn yn 'road open day' (r.o.d.), pan gasglai byddinoedd y North West Frontier i amddiffyn yr heolydd, er mwyn i'r milwyr a'r cyflenwad gyrraedd y llefydd pellennig. Canys dyma dir y Faqir o Ipi, y bu Prydain yn rhyfela yn ei erbyn am flynyddoedd.

Yr un yw'r stori o hyd. Parhawn i ymladd yn yr un tir, ond gelwir y gelyn 'nawr yn Taliban. Lladdir ein milwyr ni'n gyson heddiw, fel y'u lladdwyd yr adeg honno. Soniwyd yr wythnos hon am nifer o'n bechgyn yn cael eu lladd gan *snipers* y Taliban. Dyna pam i'm cyd-filwyr ffromi a gweiddi fod *snipers* y Faqir yn gweithredu'n amlwg yn yr ardal honno. Diolch ein bod ni wedi gallu cyrraedd ein cyrchfan yn ddiogel y diwrnod hwnnw.

Ac yn wir, diolch am y diogelwch tra'r oeddwn yn y North West Frontier, ac yn ddiweddarach fel swyddog â chomisiwn mewn catrawd Indiaidd yng nghanol y gyflafan fawr, pan rannwyd India'n ddwy, er i minnau ddod yn llygad dyst o'r gwaed a lifodd.

Rhaid aros hyd rywbryd eto i gael yr hanes hwn, ond hoffwn ddelio â dau bwynt arbennig ar hyn o bryd. Yn gyntaf, beth a ddysgais amdanaf fy hun a'm 'mentors', ac yn ail beth a ddysgais am 'Afghanistan'?

Mae'n hollol glir fy mod yn ddig wrth Dduw a'm mentors, a'r athrawon a'r arweinyddion a adawodd i mi fynd i'r Fyddin, heb air o gyfarwyddyd gwahanol. Sylweddolais fod yna haen o filitariaeth wladwriaethol ymysg yr Annibynwyr blaenllaw, fy mentors megis y Parchedigion Berian James, Lewis Tymbl, Doctor Tegfan Davies a'r Prifathro Joseph Jones. Yr un pryd, gwn hefyd fod gan yr Annibynwyr, fel y Bedyddwyr, gymdeithas gref o heddychwyr, a bod y ddau Undeb eleni wedi rhoi datganiadau cryf ynglŷn â'n milwyr yn Afghanistan. Ond rhaid cofio y bu gan y Bedyddwyr a'r Annibynwyr hefyd garfan gref yn cefnogi'r milwrol. Yn wir, defnyddiodd Lloyd George bulpud Undeb y Bedyddwyr yn blatfform neu lwyfan i recriwtio i'r Fyddin. Dyna a ddangosodd yr hanesydd profiadol, D. Ben Rees, yn ei erthyglau cyfoes, clir a phwysig yn *Y Pedair Tudalen* yn ddiweddar. Dylai pawb sydd â diddordeb mewn 'Heddwch' ddarllen yr erthyglau hynny. Mae angen arweiniad clir a sicr. Yn ail, dysgais wers am y North West Frontier sy'n dal yn wir o hyd. Ni all unrhyw bŵer o'r tu allan ennill brwydr barhaol yno, a dylasai ein milwyr ddod adre' cyn gynted ag y gallant. Yn hyn, cytunaf â'r datganiadau a wnaed mor bwerus yn ystod Undebau'r Bedyddwyr a'r Annibynwyr. Yr un pryd, hoffwn ofyn beth a ddywedwn wrth y mamau a'r tadau na ddaw eu meibion byth nôl? A fu eu haberth eithaf yn ofer? Yn sicr, gallant hwy ddweud wrth y rhelyw ohonom na ddarfu i ni fyw'r hanes, na theimlo eu trasiedi hwy. Beth a ddywedwn nawr wrth Hazel Hunt, o'r Fenni, mam Richard, 21 mlwydd oed, sef y ddau ganfed milwr o'r lluoedd arfog a laddwyd yn Afghanistan?

Nid yw pethau'n ddu a gwyn. Amser a ddengys. Pan gyrhaeddodd y drwg Natsiaidd o fewn 20 milltir i'n gwlad yn 1939, ymladd drosom a wnaeth yr ychydig, a llwyddo i amddiffyn ein hynys, a rhoi cyfle'n ddiweddarach i ryddhau Ewrop.

Beth a ddywedwn ni oll yn wyneb y bygythiad real sy'n ein hwynebu ni'n awr o ganlyniad i'r ffaith y rhyddheir ugeiniau o derfysgwyr yn gynnar o'n carchardai (*Sunday Times*, 19 Medi, 2010) i'n hwynebu ar ein strydoedd ein hunain, a'r perygl i'n strydoedd droi'n barc uffern, fel Sgwâr Tavistock yng nghanol Llundain, fis Gorffennaf 2005?

Fel canlynwyr yr Arglwydd Iesu, Tywysog Tangnefedd, beth fydd ein hymateb ni? Beth fydd anogaeth ein harweinwyr crefyddol; ac yn arbennig beth fydd eu hymddygiad?

Geilw'r sefyllfa am ateb synhwyrol ac ymarferol, cyn y gyflafan, a chyn bod rhai eraill ohonom eto'n gweiddi, 'Pam fi (a'm teulu), Dduw?'

# Briwsion o'm Pererindod Ysbrydol

'If you had not been sent from Wales, you would have become a rabid, Welsh nonconformist, fascist,' meddai Anthony Hoyland, uwch-gynhyrchydd T.W.W. wrthyf, wedi gwrando arnaf yn ateb llu o gwestiynau dros nifer o flynyddoedd ar raglen deledu nos Sul, '*Lets Face Facts*', yn Chwedegau'r ganrif ddiwethaf (efallai fod rhai o'r darllenwyr yn cofio'r rhaglen).

Diau mai sôn yr oedd am fy naliadau crefyddol yn grwtyn deunaw mlwydd oed, a'i fod yn meddwl mai dyna fyddai fy nhynged pe bawn wedi mynd ymlaen i wireddu fy nghynlluniau yng Nghymru. Ond beth oedd fy nghred a'm cynlluniau yn ddeunaw oed ar drothwy bod yn oedolyn?

Yr oeddwn yn sicr yn Gymro Cymraeg i'r carn. Roeddwn wedi fy ngeni i deulu Cristnogol, gyda thad-cu nerthol ei ffydd. Roedd mor gyfarwydd â'r Gair ag unrhyw un y bu i mi eu cyfarfod erioed, a byddai'n ymweld â phob teulu yng Nghapel y Sgwâr (fel y'i gelwid ym Mhen y Groes, Sir Gaerfyrddin) o leiaf un waith y flwyddyn, heb na char na cherbyd. Dyma oedd gofal bugeiliol go iawn. Roedd y Beibl mawr teuluol, a gynhwysai esboniad Matthew Henry, yn amlwg iawn ymysg yr ychydig lyfrau yn ein tŷ ni. Trefn y Sul oedd mynychu gwasanaethau'r capel dair gwaith gyda fy rhieni a'm hannwyl chwaer fywiog, Yolande. Cefais awch mawr ar fyned i gysegr yr Arglwydd yn rheolaidd ar ei ddydd, yn wahanol i wleidydd blaenllaw o Gymro di-gymraeg a wawdiodd ei rieni am ei orfodi i fynd i'r capel dair gwaith y Sul. Yn lle gwawdio, diolch i'm rhieni a wnaf fi am iddynt fy nwyn i a'm chwaer annwyl, a gollais yn yr angau flwyddyn yn ôl, yn rheolaidd i bresenoldeb y Duw Byw ar y Sul. Clywsom bregethu solet a seiliwyd ar y Gair ac a gyfoethogodd fy ffydd. Ar yr un pryd teimlwn fod rhywbeth ar goll – sef yr elfen efengylaidd. Ond ces hwnnw dan ddylanwad dau ddiacon arbennig. Un ohonynt oedd Dafydd Morris, un o'm hathrawon Ysgol Sul, a fu'n aelod gyda'r Eglwys Apostolaidd am gyfnod ac a ddangosodd i ni fechgyn yn ein harddegau mai sail ein ffydd oedd credu yn Iesu Grist fel Arglwydd a Cheidwad. Yr ail ddiacon oedd y dyn mwyn, William John Evans, a ddechreuodd y Cwrdd Pump (â dim ond fi a Yolande a'm cefnder, Brin, yn y cwrdd cyntaf). Yn y Cwrdd Pump y cawsom ein dysgu ganddo i weddïo ac i ddweud profiad yn gyhoeddus. Dyma gyfoeth o addysg ar ein cyfer, a minnau'n sylweddoli fod y ddau ohonynt yn ddynion duwiol mewn gwirionedd. Roedd y peth yn real ac yn berthnasol iddynt. Ac felly daeth yn real ac yn berthnasol i minnau hefyd.

Ond cai'r ffydd gynnar hon ei phrofi yn fuan; yn llawer mwy buan nag y byddwn i wedi tybied. O ganlyniad i mi dderbyn Crist fel Arglwydd a Gwaredwr a dechrau siarad a gweddïo'n gyhoeddus yng nghyrddau'r plant a'r dynion ifanc, gwahoddwyd fi gan f'eglwys i ystyried cynnig fy hun i'r Weinidogaeth. Felly y bu; ac wedi pasio arholiadau Undeb yr Annibynwyr a'r *Higher*, ennill ysgoloriaeth i'r Brifysgol, ac yna pasio arholiad mynediad (oedd yn cynnwys Groeg) i Goleg Coffa Aberhonddu ac ennill ysgoloriaeth Dewi Medi, yr oeddwn yn barod i ddechrau ar y cam nesaf yn fy mharatoadau i fynd i'r Weinidogaeth Gristnogol gyda'r Annibynwyr Cymraeg.

Ond yn sydyn iawn daeth tro ar fyd. Ces lythyr oddi wrth Frenin Prydain Fawr yn fy ngwahodd i ymuno â'i luoedd arfog! Y fi, crwtyn deunaw mlwydd oed, heb fod braidd oddi cartref, disgybl Tywysog Tangnefedd, a minnau'n paratoi fy hun yn ddiffuant a thrwyadl i fynd i'r Weinidogaeth, yn cael y fath wahoddiad! Roedd y Brenin mewn brys ac yn gorfod crynhoi'r 'dregs' at ei gilydd tua diwedd y rhyfel. Anodd oedd deall fy mentors, oedd mor frwd i mi ymuno â hwy yn y Weinidogaeth lawn amser, nawr mewn distawrwydd llethol. Ni sylweddolais ar y pryd fod y rhain, megis y Parchedigion Berain James, J. D. Lewis, Tymbl, Dr Tegfan Davies, Rhydaman a'r Prifathro Joseph Jones, Aberhonddu yn imperialwyr ac wedi cefnogi'r Rhyfel, fel lliaws o weinidogion yr Annibynwyr, y Bedyddwyr ac enwadau eraill. Rai misoedd yn ôl, yn ei rôl fel hanesydd profiadol, awdurdodol ysgrifennodd Dr D. Ben Rees gyfres o erthyglau tra phwysig i'r *Pedair Tudalen* yn disgrifio'n fanwl y cefndir hwn gan bwysleisio fod yna ddwy elfen gref ymysg yr Annibynwyr a'r Bedyddwyr, un elfen yn cefnogi rhyfel a'r llall yn ei wrthwynebu.

Felly, yn ddeunaw mlwydd oed, roeddwn yn y fyddin, yn clywed iaith a ffeithiau na chlywais mo'u tebyg erioed! Ac yr oeddwn mewn stad o sioc. Symudodd pethau'n gyflym iawn. Yn fuan, roeddwn yng ngogledd Lloegr yn y Royal Signals yn dysgu bod yn 'cipher operator', a chyn pedwar mis yr oeddwn allan yn y North-West Frontier yn India, yng nghanol y tir lle gwelwyd ymladd ffyrnig yn ein cyfnod ninnau heddiw. Bryd hynny, wynebu milwyr y Faqir o Ipi a wnaem. Roedd hwn yn adeg anodd iawn. Teimlwn yn ddig wrth Dduw a gofynnwn lawer o gwestiynau, megis 'Pam fi, O Dduw? Pam fy mod i yma yn y lle diffaith hwn?' Ond yr oeddwn i aros yn India am bron i bedair blynedd.

Dyma sialens i'm ffydd a'm ffordd o fyw. Pwy allwn gredu ynddo? Yn oriau mân y bore, gydag ond ychydig ohonom yn y gwaith, heb lawer o negeseuon yn mynd allan nac yn dod i mewn, parhawn i weddïo gan ddiolch nad oedd fy Nhad Nefol wedi fy ngadael fel yr oedd dynion wedi gwneud. Yn wir, ar adegau, ganol nos yn y distawrwydd ingol yng nghanol mynyddoedd yr Himalayas ar ffiniau gwlad Afghanistan, paratoi pregethau a wnawn ar destunau megis y Salm gyntaf! Mae gennyf gopïau o rai ohonynt o hyd, a'r nam yn y teip yn f'atgoffa o ble a phryd y paratowyd y rhain.

Daeth sialens arall. Wedi llawer o bwyso arnaf cytunais i fynd i WOSBIE (War Office Selection Board). Pasio hwnnw a mynd i Sandhurst yr India (yn Dera Duhn); llwyddo i ddod yn swyddog gyda chomisiwn yn y R. A. (Royal Artillery); a chael f'anfon i gatrawd y Siciaid. Dyma'r adeg pan rannwyd is-gyfandir India yn ddwy ran; yr Arglwydd Mountbatten yn cynrychioli Prydain Fawr, Pandit Nehru yr India, a Jinnah y Moslemiaid. Amser caled oedd wynebu'r gyflafan wrth fod yn llygad-dyst i doriad gwawr genedigaeth dwy genedl newydd.

Ar yr un pryd, fel Cristion ifanc mewn *Officer's Mess* llawn o swyddogion a oedd wedi derbyn comisiwn, a phob un ohonynt yn ddynion gwyn (ni chai'r un Sîc na Moslem na Hindŵ fod yn swyddog na derbyn comisiwn bryd hynny), cefais ar y dechrau fy ngwawdio'n ofnadwy am nad oeddwn yn yfed cwrw nac yn rhegi'n ddi-ben-draw. Roeddwn yn ceisio byw bywyd addas i'm cred. Ond nis gadawodd yr Arglwydd fi ar fy mhen fy hun. Anfonodd angel yn ffurf gŵr cyhyrog, chwe throedfedd o uchder, o Awstralia. Daeth hwn i'r adwy, i'm helpu. Dim ond ef a minnau o'r gatrawd a chwaraeai i dîm rygbi'r fyddin Brydeinig yn India, a rhoddodd ef ar ddeall i bawb yn y Mess na ddioddefai unryw *harassment* i'w gyd-chwaraewr o Gymro!

Yn ystod y cyfnod rhyfedd hwn yn fy mhererindod, oblegid fy ymddygiad a'm ffyddlondeb i'm ffydd, daeth y Siciaid i barchu fy naliadau a'm ffordd o ymddwyn, er bod fy ffydd yn hollol wahanol i'w cred hwy. Yn wir, gwnaethant fi yn 'Sîc er anrhydedd', ac fel arwydd o hyn rhoesant i mi un o'r pump 'k' sy'n sail i'w crefydd, sef y kara, sy'n symbol o gysegriad i Dduw. Breichled dur yw'r kara, a gwisgais ef tra oeddwn yn India; ac wedi dychwelyd adref, rhoddais ef i'm chwaer, ac fe wisgodd hithau ef am flynyddoedd. Atgoffai'r kara fi o'r amser a dreuliais ymysg y Siciaid, gan ddod i'w hadnabod yn dda a chael cyfle uniongyrchol i ddysgu'n fanwl am eu crefydd. Dysgais yn arbennig mai crefydd undduwiaeth oedd hi, wedi tarddu o Islam, a'i sylfaenydd oedd Guru Nanak.

Pan adawais India, yn sicr yr oedd gennyf adnabyddiaeth newydd o grefyddau'r byd, ond ar yr un pryd ni allai neb fy nghyhuddo mwyach o fod yn 'Welsh nonconformist fascist'. Gallwn gyhoeddi fod fy ffydd yn yr Arglwydd Iesu fel Gwaredwr yn para mor gryf ag erioed. Yn wir, profais ei fod ef yn cadw'i addewidion, ac ni adawodd fi'n amddifad. Ymhell oddi cartref, cadwodd fi'n ddiogel mewn gwlad estron. Ac wedi clywed yn fanwl am grefyddau mawr eraill y byd, medrwn ddatgan yn hyf nad oedd 'enw arall dan y nef wedi ei roddi ymysg dynion drwy'r hwn y mae yn rhaid i ni fod yn gadwedig'. Pwysleisiwn enw ac eiriolaeth yr Iesu.

Mawr oedd y croeso wedi dychwelyd adref i Benygroes a Chwm Gwendraeth. Flynyddoedd yn ddiweddarach, deuthum i sylweddoli, trwy fy chwaer, fod fy mam yn arbennig wedi pryderu llawer pan oeddwn oddi cartref, ond heb fradychu ei theimladau i mi er iddi ysgrifennu ataf yn gyson. Tra bum yn y fyddin, un nodyn byr yn unig, gyda thocyn llyfr 7/6, a gefais oddi wrth y Coleg, er bod pawb yn disgwyl i mi ymuno â hwy yno ar derfyn fy nhymor yn y Lluoedd Arfog. Felly, dieithriaid oeddent erbyn i mi ddod adref. Gofynnai ffrindiau, megis yr annwyl Tom Jones, prifathro yn Llandybie, a gynhyrchodd lawer o ddramâu yn y capel ym Mhenygroes, am fy nghynlluniau. Cymerais ran yn y dramâu hynny. A chefais wahoddiad ato ef a'i wraig ddeallus, oedd yn bennaeth adran ieithoedd modern yn Ysgol y Gwendraeth. Wedi siarad a gweddïo hyd oriau mân y bore, a chael cyfarwyddyd oddi wrth ddau ffrind hoffus, galluog a dwfn eu defosiwn, ni allwn anghofio eu geiriau. Roeddent wedi bod yn meddwl ac yn gweddïo drosof am amser hir fel petawn yn fab iddynt. Dywedasant wrthyf yn glir, 'Ewch i'ch hyfforddi yn feddyg. Gallwch barhau i bregethu'r Efengyl a chael cynulleidfa fwy.'

Ac felly y bu; a gwireddwyd eu geiriau tu hwnt i bob disgwyliad. Cefais fy nerbyn i Brifysgol Llundain ac Ysbyty St Thomas' i'm cymhwyso'n feddyg. Cefais y cyfle i arbenigo ym Meddyginiaeth Seiciatreg, a dod yn Seiciatrydd Ymgynghorol, yn yr Amwythig i ddechrau ac yna yn Ysbyty Brenhinol Prifysgol Lerpwl. Daeth dwy sialens fawr o ganlyniad i arbenigo ym maes Seiciatreg. Yn gyntaf, roedd 'na gred gyffredin yn bodoli fod Seiciatreg yn wrth-gristnogol, ac yn wir yn wrth-grefyddol. Gwyddai'r lluoedd bod Sigmund Freud, un o arloeswyr un gangen o Seiciatreg, sef Seicotherapi a seicdreiddiad, wedi disgrifio crefydd fel 'rhith' (*delusion*). Er iddo awgrymu hyn, cydnabu Freud ar ddiwedd ei fywyd, fel y dengys ei fywgraffydd, er iddo lwyddo i wella nifer fawr o gleifion gan eu helpu i'w rhyddhau oddi wrth eu symptomau, fod rhywbeth ar ôl na allai ef ddelio ag ef mewn dyn. Rhoddodd Jung, seicdreiddiwr mawr arall yr ugeinfed ganrif, yr ateb yn ei lyfr *Modern Man in Search of a Soul*; 'Mae dynion o bob rhan o'r byd wedi dod ataf am driniaeth ar ryw adeg neu'i gilydd. Mae'n wir dweud iddynt oll syrthio'n glaf am iddynt golli rhywbeth anhygoel a rydd y crefyddau mawr i'w canlynwyr, ac ni iachawyd yr un ohonynt heb iddynt ail-gynnu eu ffydd yn Nuw.' Ac wrth gwrs, fy mhwyslais i oedd ac yw, mai'r Duw a'i hamlygodd ei hun yn Iesu Grist yw'r Duw hwnnw. Cefais gyfle trwy ei ras i drin cannoedd o bobl, yn cynnwys nifer helaeth o Gymry, wrth weinidogaethu yn yr Amwythig a Lerpwl, a'u bugeilio'n wir ofalus. Ac ar yr un pryd, cefais gyfle i bregethu ar hyd a lled Cymru a thu hwnt mewn capeli a chadeirlan, i bob enwad dan haul, i gynulleidfa o bedwar ar adegau ond cynulleidfa o fil ar adegau eraill, gan wireddu dyheadau fy nghyfeillion annwyl, Tom a Ray, yn Llandybïe'r dyddiau gynt.

Sialens arall yn fy ngwaith oedd trin cleifion trwy roi cyffuriau iddynt. Roedd rhai o'r cleifion weithiau'n amau a ddylent gymryd cyffuriau, rhag iddynt newid eu meddyliau a'u credoau. Ond fel Cristion, medrwn eu sicrhau na fyddai hynny'n digwydd. Mae gweld pobl wael yn gwella trwy'r cyffuriau wedi cryfhau fy ffydd yn y Duw a'm creodd ac a'm cynhaliodd trwy flynyddoedd cyffrous a phererindod ysbrydol mor gyfoethog.

Ond nid ydyw'r bererindod ar ben eto. Pan fydd pobl yn gofyn i mi, 'A fuoch yn byw yma trwy eich holl fywyd?' byddaf yn ateb, 'Dim eto'. Fel y dywed Robert Browning, 'The best is yet to be'. A gwyddom mai'r Duw sy'n ein synnu yw ein Duw ni. Ac fe geidw'r Crist Byw i fyned o'm blaen i bob Galilea y teithiaf iddo; fe'm harwain am weddill y daith ar y ddaear hon ac i dragwyddoldeb maith ei hun.

# 'Mwy na Gareth Edwards'

Canmolwn a chroesawn ein tîm rygbi cenedlaethol am ei gampau yng Nghwpan y Byd yn Seland Newydd yn 2011. Mae'r chwaraewyr yn haeddu ein canmoliaeth am gyrraedd y rownd gynderfynol, ac am chwarae mor ddeniadol wrth wneud hynny. Ond pwysicach fyth oedd eu hymarweddiad grasol oddi ar y cae chwarae ar bob achlysur, ac yn arbennig yr urddas a amlygwyd ganddynt wedi colli'r gêm yn erbyn Ffrainc mewn amgylchiadau dadleuol. Ond anghytunaf yn llwyr â Max Boyce, a ddywedodd, yn ôl y *Western Mail* (Hydref 14, 2011), y byddai ymddangosiad Cymru yn y rownd derfynol yn esgor ar ddim llai na diwygiad crefyddol arall. Dyma ddywediad sy'n ormodiaeth, ac yn wir yn halogiad noeth. Rhaid wrth flaenoriaeth well a sicrach i genedl, fel y dengys yr hanesyn canlynol.

Eisteddai Anne, fy ngwraig, a minnau mewn caffi twt, 'cwtchi', yn Nhyddewi ganol yr haf. Daeth teulu bach, tad a mam ifanc a dau o blant, i eistedd wrth y ford gyfagos. Wrth eu clywed yn siarad, gwyddwn ar unwaith mai o Gwm Gwendraeth y deuent. Roedd y fam ifanc yn byrlymu o fywyd, ac yn f'atgoffa am fy annwyl chwaer, ac roedd y teulu cyfan wedi'u gwisgo'n dda. Edrychai'r fam ifanc i'n cyfeiriad yn gyson, a heb allu oedi mwyach, trodd atom a gofyn ar unwaith, 'Chi yw Doctor David Enoch, y seiciatrydd a'r pregethwr? Clywes i chi'n pregethu yn y Confensiwn ym Mhenygroes.' Ac yna trodd at ei mab bach a dweud, 'Clyw, D..., y bore 'ma, gwrddon ni â Gareth Edwards, chwaraewr rygbi mwya'r byd ... mae'r dyn hwn yn fwy na Gareth Edwards!'

Mwy na Gareth Edwards? Sut allai hynny fod, ac yntau'n chwaraewr mwya'r byd? Ni ellid dechrau ein cymharu; er cofier, nad oedd yr awdur hwn yn ddiddawn! Oherwydd fe chwaraeodd rygbi i'r Fyddin, Ysbytai Llundain, yr Amman United (tim Shane Williams), a chael gwahoddiad i droi'n broffesiynol gan Batley a Wigan! Diau mai cymharu chwarae rygbi Gareth â phregethu'r Efengyl gan y seiciatrydd a wnâi'r fam ifanc. Yn ei thyb hi, roedd yr Efengyl, sef Iesu Grist, tu hwnt i enw pob dyn - pa mor enwog bynnag y bo.

A dyna ddatgan yr un flaenoriaeth ag a wna un o feddyliau mwyaf hanes, sef yr Apostol Paul, a soniodd am 'yr enw sydd goruwch pob enw, fel wrth enw Iesu y plygai pob glin yn y nef ac ar y ddaear a than y ddaear, ac y cyffesai pob tafod fod Iesu Grist yn Arglwydd, er gogoniant Duw Dad' (Philipiaid 2:9–11).

Mae 'na le i chwaraeon, a'r pleser a geir wrth gymryd rhan a chanlyn chwaraeon o bob math. Mae 'na bleser mewn ennill a chwarae'n dda, a derbyn llwyddiant a cholled yn yr un modd, yn urddasol. Ond pethau arwynebol a thros dro yw'r rhain; 'Canys y gwynt a â drosto, ac ni bydd mwy ohono' (Salm 103:16). 'Gwywa y gwelltyn, syrth y blodeuyn; ond gair ein Duw ni a saif byth' (Eseia 40:8). Saif y Gair a wnaethpwyd yn gnawd am byth. 'Canys felly y carodd Duw y byd, fel y rhoddodd efe ei unig-anedig Fab, fel na choller pwy bynnag a gredo ynddo ef, ond caffael ohono fywyd tragwyddol (Ioan 3:16). Dyma'r enw a all roddi i ni fywyd sydd fywyd yn wir; dyma'r enw a all roddi i ni fywyd a bery byth. 'Nid oes enw arall dan y nef, wedi ei roi i'r ddynolryw, y mae'n rhaid i ni gael ein hachub drwyddo' (Actau 4:12).

Cytunaf â'r awgrym sydd yng ngeiriau Max Boyce fod angen diwygiad arall ar Gymru 'nawr. Ond angen diwygiad Cristnogol sydd arnom, pan dywallta Duw ei Lân Ysbryd arnom fel cenedl, a ninnau'n plygu glin ger ei fron mewn edifeirwch llwyr, a phan fydd Duw'n adfer parch i'w enw trwy ein gwlad.

Iesu, Iesu, 'rwyt ti'n ddigon,
  'rwyt ti'n llawer mwy na'r byd;
mwy trysorau sy'n dy enw
  na thrysorau'r India i gyd:
    oll yn gyfan
ddaeth i'm meddiant gyda'm Duw.

# Muamba: Lasarus ein dydd, etc

Ar Fawrth 17, 2012 bu farw'r peldroediwr, Fabrice Muamba, ar gae chwarae Tottenham Hotspur yn Llundain. Yr oedd y dorf o filoedd a oedd yno, a'r miliynau a wyliai'r gêm ar y teledu, yn llygad-dystion i'r digwyddiad brawychus. Gwelwyd yr ymdrech gan y meddygon i'w adfer, ac yn eu plith Dr Tobin, meddyg Clwb Pêl-droed Bolton Wanderers, a dau gardiolegwr blaenllaw a ddigwyddai fod yno'n gwylio'r gêm. Ceisiwyd adfywhau Muamba am 78 o funudau, ac o leiaf ddwywaith bu bron i'r meddygon roi'r gorau i'r ymdrech a chyhoeddi ei fod wedi marw. Dim ond cyfeillgarwch clos meddyg y clwb a wnaeth i'r meddygon ddal ati hyd nes – er syndod mawr – y dechreuodd Muamba anadlu. Cyfaddefodd y ddau arbenigwr eu bod wedi rhyfeddu bod y chwaraewr wedi dechrau anadlu eto ar ôl 78 o funudau ac nad oedd ganddynt eglurhad digonol am hynny. Roedd y ddau arbenigwr profiadol enwog yn cyfaddef fod dyfodiad Muamba o farwolaeth i fywyd yn wyrth.

Tyngodd Muamba ei hun ei fod yn esiampl o wyrth fodern, ac y mae'n credu yn syml ac yn nerthol yn y ffaith mai Duw a'i hachubodd a'i ddwyn yn ôl o farwolaeth i fywyd. Gwyddai am ffydd ei deulu a llawer o'i gyd-chwaraewyr, a gwelsom y rhain yn tystio ac yn gofyn – trwy'r geiriau ar eu crysau – i bobl weddïo ar iddo gael adferiad llwyr. Gwyddom am y gweddïwyr cyhoeddus hyn. Gwyddom hefyd am y gweddïwyr preifat, megis y glanhawr yn yr ysbyty a âi i mewn i ystafell Muamba bob bore i weddïo yn y gornel. Crynhodd Muamba'r cyfan ei hun trwy ddweud nad oedd arno ofn marw mwyach, canys 'Os yw Duw trosom, pwy sydd yn ein herbyn?'

Mae atgyfodiad Muamba yn ein hatgoffa am un o'r hanesion tirionaf am yr Arglwydd Iesu ar y ddaear, sef atgyfodiad ei ffrind annwyl, Lasarus. Anfonodd y ddwy chwaer, Mair a Martha, neges o Fethania at Iesu i ddweud fod eu brawd, Lasarus, yn wael iawn; ac fe'u ffromwyd am na ddaeth Iesu atynt ar unwaith. Yn wir, oedodd Iesu'n fwriadol, ac erbyn iddo gyrraedd roedd corff Lasarus yn drewi mewn bedd. Ac eto, gan wylo gorchmynnodd Iesu i'w ffrind annwyl godi a dod allan o'r bedd. Pan godd Lasarus o farw'n fyw a dod allan o'r bedd roedd wedi ei rwymo yng nghadachau'r bedd, ac felly gorchmynnodd yr Arglwydd Iesu i'r bobl oddi amgylch ei ryddhau. Gan iddo oedi nes bod Lasarus wedi marw ac wedi bod yn ei fedd am ddyddiau, a'i gorff yn drewi, roedd y dasg o'i atgyfodi yn fwy o lawer ac yn dangos pŵer mawr yr Arglwydd Iesu dros angau.

Roedd atgyfodiad Lasarus yn achub y blaen ar atgyfodiad mwy, sef atgyfodiad Iesu ei hun ar y trydydd dydd. Yn wahanol i Lasarus a Muamba, ni fyddai Iesu'n marw drachefn ar ôl ei atgyfodiad ef. 'Crist a gyfododd, Crist a gyfododd yn wir,' gan goncro angau a'r bedd. Gwelwyd y Crist Atgyfodedig gan y gwragedd, ac yna gan ei ddisgyblion a'i ddilynwyr. Wedyn, anfonodd y Crist croeshoeliedig, atgyfodedig neges at Pedr a'r disgyblion i ddweud ei fod yn mynd o'u blaen i Galilea. Ac yno, fe fwytaodd bryd bwyd gyda hwy. Gobaith pawb ohonom sy'n credu yn yr Iesu fel Arglwydd a Gwaredwr yw ei fod yn mynd o'n blaen i bob Galilea yr awn ninnau iddo. Mewn gwirionedd, mae'n galw arnom o'r dyfodol.

**Yr etc**
Roedd yr erthygl hon i fod i orffen gyda'r frawddeg flaenorol. Ond ychydig a wyddwn i y deuai hyn yn brofiad i mi fy hun mewn modd sydyn, syfrdanol a dychrynllyd drannoeth i orffen ysgrifennu'r erthygl. Ar Fai 9fed, 2012 profais gur dwyfronnol erchyll, a bu raid galw 999. Aed â mi ar unwaith i'r ysbyty, ac mewn amser byr roeddwn yn yr Uned Gofal Coronaidd yn Ysbyty'r Brifysgol yng Nghaerdydd. Arweiniodd ymweliad y cardiolegydd cyntaf at angiogram coronaidd brys. A thra roeddwn yn gofyn yn barhaus am gael gair â'm gwraig, wedi'r angiogram dywedodd dau o'r cardiolegwyr nad oedd amser i wastraffu ac y byddai un ohonynt yn egluro i'm gwraig, un ffordd neu'r llall, yr hyn a ddigwyddai. A minnau'n gorwedd ar fwrdd y theatr, rhoddwyd dewis i mi: Cynllun A gyda risg o farw yn 5%, neu Gynllun B gyda hanner y risg. Roeddwn yn hollol dawel fy meddwl, oblegid er wynebu marwolaeth gwyddwn y byddwn yn marw gyda'r gobaith o rodd Duw i'r sawl a gredai yn ei Fab, Iesu, sef bywyd tragwyddol. Ond yr oeddwn am wybod sut byddent yn fy lladd os dyna fyddai fy nhynged!! 'Rydych chi'n gofyn cwestiynau na ofynnodd neb i mi erioed,' meddai'r trydydd cardiolegydd, a fyddai'n cyflawni'r weithred o osod y stent yn fy rhydweli coronaidd de. Diolch i Dduw, roedd y broses yn llwyddiannus iawn, ond yn ddiweddarach daeth y tri chardiolegwr galluog i'm gweld a dweud eu bod wedi gorfod brysio am fod fy rhydweli coronaidd de wedi cau 99.9%! Meddai un ohonynt, 'Too close for comfort'. Gwyrth! Yn sicr, achubwyd fy mywyd y bore hwnnw.

Mae'r hanesion hyn ein hatgoffa am ein meidroldeb. Gŵyr pawb ohonom mai marwolaeth yw'r un peth sy'n sicr o ddod yn brofiad i ni. Mae angen i bawb ohonom gydnabod y ffaith honno, a pharatoi ar ei gyfer. Ond heddiw, mae marwolaeth yn destun tabŵ nad oes neb am sôn amdano, ac yn rhywbeth i'w adael i'r bobl broffesiynol i ddelio ag ef. Ac eto, mae'r modd yr ydym i farw a'r ffordd yr ydym yn paratoi ar ei gyfer yn bwysicach nag erioed, am ein bod wedi cuddio oddi wrtho a gwadu ein meidroldeb. Rydym hefyd wedi colli cymaint o'r defodau a oedd yn ganllawiau i ni alaru. A mwy na'r cyfan, collasom ein ffydd yn Arglwydd y Bywyd, a atgyfododd o'r bedd yn flaenffrwyth i bob un sy'n credu ynddo. Fel y dywed yr Apostol Paul yn ei lythyr cyntaf at y Corinthiaid, 'Oherwydd fel y mae pawb yn marw yn Adda, felly hefyd y gwneir pawb yn fyw yng Nghrist.'

Mor bwysig yw cofio geiriau'r Apostol: 'Os ar gyfer y bywyd hwn yn unig yr ydym wedi gobeithio yng Nghrist, nyni yw'r bobl fwyaf truenus o bawb.'

# Wyt ti'n fodlon sychu tin y claf?

Dyw e ddim yn deitl 'neis' – yn enwedig mewn papur [neu lyfr] Cristnogol! Efallai nad ydyw; ond gwaetha'r modd, mae'n hollol berthnasol, amserol a gwir. Dyw'r sefyllfa yn ein hysbytai ddim yn 'neis' bob amser, gyda diffyg gofal a chydymdeimlad wedi dod i'r wyneb yn ddiweddar.

Mae nifer fawr o bobl, yn enwedig yr hen, mewn ysbytai lle nad yw'r nyrsys academaidd yn fodlon eu hisraddoli eu hunain i helpu'r claf yn gorfforol trwy ei fwydo, estyn dŵr iddo, ei olchi – ac yn sicr sychu ei din. Gwell o lawer ganddynt yw aros yn yr ystafell nyrsio a sgrifennu nodiadau di-rif. Gwelais y dirywiad yn digwydd pan wnaed newidiadau i'r drefn ar y wardiau ac i addysg a chymwysterau'r nyrsys dros y blynyddoedd diwethaf. Yn baradocsaidd, gyda mwy o wybodaeth a chymwysterau, aeth y nyrsys yn fwy dieithr i'r claf, gan ymbellhau oddi wrthynt. Yr un pryd, cafwyd gwared â'r S.E.N.s (Nyrsys Cyflogedig y Wladwriaeth, '*State Enrolled Nurse*s'), ac felly collwyd y nyrsys oedd yn barod i fod gyda'r cleifion a'u helpu'n gorfforol a sefydlu perthynas â hwy. Dangosai'r nyrsys hyn gydymdeimlad â'r cleifion nas ceir fel rheol gan y nyrsys academaidd, nac ychwaith gan y nyrsys asiantaeth ('*agency nurses*') sydd yno am noswaith neu ddwy, ond heb adnabod y cleifion.

Roedd yn flin gennyf glywed Ann Clwyd, ein cymydog, yn datgan yn Nhŷ'r Cyffredin fel y bu i Owen ei gŵr urddasol, glân ei osgo, ac iach ei hiwmor er iddo ddioddef am amser hir, farw yn yr ysbyty heb ofal cymwys. Er ei fod yn oer iawn, wnaeth neb holi am ei hynt o 2.30 y prynhawn hyd 10.00 y nos, ac yntau'n marw o niwmonia. Dyma un enghraifft o ddiffyg gofal a chydymdeimlad. Yr un pryd, rhaid pwysleisio fod yna nyrsys ardderchog yn yr ysbyty hwnnw, fel pob ysbyty arall. Gwn hyn o brofiad personol diweddar. Ond ofnaf y bu tro ar fyd a bod agwedd hollol newydd i'w gweld ymhlith llawer o nyrsys heddiw. Yn wir, fe glywyd Prif Swyddog Nyrsio Lloegr, Jane Cummings, yn datgan yn glir – wrth ddod i'w swydd newydd – bod rhaid i'r nyrsys greu awyrgylch newydd o ofal a chydymdeimlad â'r claf.

Bron na allwn gredu bod cydymdeimlad a gofal mor brin yn ein gwlad, hyd yn oed mewn sefyllfaoedd lle disgwylir tynerwch a gofal arbennig. Oni ddylai'r gallu i gydymdeimlo a thosturio fod yn rhan hanfodol o bob person, ac yn enwedig o wir Gristnogion? Ac yn sicr, ni all neb daeru ei

fod yn Gristion heb fedru caru – caru Duw a charu cyd-ddyn. A dyna yw
cydymdeimlo – cariad ar waith ('love in action'). Mewn gwirionedd, dyna
a amlygwyd yn gyson ym mywyd yr Arglwydd Iesu ar y ddaear. Pan welodd
bobl flinedig y dyrfa fawr a fu'n ei ddilyn ar hyd y dydd, tosturiodd wrthynt
a gofyn i'w ddisgyblion eu bwydo. Cydymdeimlai â Martha a Mair, gan
wylo wrth fedd Lasarus ei ffrind annwyl. Ac ar ei ffordd i Galfaria, wrth
iddo nesáu at y ddinas fe wylodd a chydymdeimlo â phobl Jerwsalem hefyd.
Diau ei fod yn meddwl am dynged y ddinas ac am ddinistr y Deml.
Cydymdeimlai â'r lleidr edifeiriol ar y groes ac addo iddo y cai fod gydag
Ef ym mharadwys.

Datganodd Iesu hefyd, yn nerthol iawn, fel y darllenwn yn un o
benodau mwyaf nerthol a thyngedfennol y Testament Newydd (Mathew
25), bod tynged dyn yn dibynnu ar y ffordd y bydd yn trin 'y lleiaf', megis
y newynog, yr unig, y carcharor a'r claf. Pwysleisiai ein Harglwydd mai
trwy helpu'r rhai lleiaf hyn y byddwn yn ei helpu ef ei hun. Yr un pryd,
pwysleisiai hefyd nad ydym yn ei helpu ef os nad ydym yn helpu'r rhai
lleiaf hyn. Caled yw derbyn y ddedfryd, ond dywed Crist, '... fe â'r rhain
[a wrthododd helpu] ymaith i gosb dragwyddol, ond y rhai cyfiawn [a'i
helpodd] i fywyd tragwyddol' (Mathew 25:46).

Gwn cystal â neb nad gweithredoedd sy'n ein hachub. Gwn y dywed
y Gair yn glir, 'Cred yn yr Arglwydd Iesu, ac fe gei dy achub' (Actau
16:31). Ei dderbyn ef yn Arglwydd ar bob rhan o'n bywyd yw'r cam cyntaf
i iachawdwriaeth. Ond rhaid i fywyd y Cristion fod mewn harmoni â'i
gred. Rhaid bod stamp yr Arglwydd Iesu ar ein cerddediad. Fel y dywed
Iesu ei hun, 'Wrth eu ffrwythau yr adnabyddwch hwy' (Mathew 7:20). Yn
Matthew 25, croniclir yn glir yr ymddygiad a'r cariad ymarferol y mae
Iesu'n disgwyl i ni ei ddangos yn ein bywydau. Mae gen i gof i mi – wrth
wneud rhaglen deledu unwaith – ymweld â mam ifanc mewn uned seiciatreg
a oedd yn dioddef o iselder ysbryd *post natal*. Meddai hi wrthyf, 'Pan
oeddwn yn Ysbyty'r Menywod yn cael fy maban, daeth llu o ymwelwyr
i'm gweld, gyda chardiau a siocledi a blodau i mi; ond wedi i mi gael fy
nhrosglwyddo yma i'r uned seiciatreg ni ddaeth neb – hyd yn oed fy
ngweinidog – i ymweld â mi. Roedd fy ngŵr a minnau ar ein pen ein
hunain.' Ac ychwanegodd, 'Pe byddai un neu ddau o'r eglwys wedi dod,
byddent wedi f'atgoffa nad oeddent hwy na Duw wedi f'anghofio yn fy
nhrallod.' 'Cariad ar waith'; ble'r aeth hwnnw? A ble'r aeth hwnnw yn
ysbytai ein gwlad? Ble'r aeth hwnnw yn ein cymdeithas?

Diolch am y Cristnogion a'r eglwysi sy'n dal i helpu'r trueiniaid hyn trwy gyfrannu'n sylweddol at eu gofal. Cymer Gweini le amlwg yn y fenter, a dangoswyd yn ddiweddar fod yr eglwysi yng Nghymru'n cyfrannu'n sylweddol i'r cyllid (*budget*) cymdeithasol. Cymaint felly nes gwneud i'r Llywodraeth synnu. A gwyddom hefyd fod eglwysi yn y Brifddinas, a mannau eraill, yn bwydo'r newynog, ac yn eu hymgeleddu hwy a'r digartref. Ond heddiw, fwy nag erioed, rhaid gofyn – a holi ein hunain – pam y collodd cymdeithas y gallu i gydymdeimlo ag eraill, yn enwedig â'r trueiniaid mewn angen. Yn sicr, rhaid i ddilynwyr Crist a darllenwyr Matthew 25 ateb cwestiwn Pilat, 'Beth, ynteu, a wnaf â Iesu a elwir y Meseia?' (Mathew 27:22). Yn gyntaf, a ydych yn credu ynddo fel Arglwydd a Gwaredwr? Ac yn ail, a ydych yn ei weled yn yr anghenus – y claf, y newynog, y carcharor?

Dibynna eich tynged dragwyddol ar eich atebion.

# Pedwar Angladd a Phriodas

Gaeaf byd natur a gaeaf bywyd dyn a esgor ar ddirywiad a marwolaeth. Nid rhyfedd, felly, i mi fod mewn pedwar angladd, a dim ond un briodas, dros y misoedd diwethaf. Nid yw angladdau'n destun atyniadol, er bod rhaid i bawb ohonom fynd iddynt ar brydiau. Ac ni ŵyr neb sut a phryd y'n gorfodir i wynebu diwedd perthynas neu ffrind neu gymydog. Cofiaf am ffrind o Frynaman a arferai, pan oedd yn fachgen, ddilyn pob angladd yn yr ardal gyda hen ddynes, a rhoi'r hanes yn fanwl i'w deulu ar ôl dod adref. Angladdau ewythr, cymydog, ffrind a gweinidog oedd y pedwar angladd a'm hatgoffodd yn ddiweddar o'r ffaith fod marwolaeth yng nghanol ein byw. Gwn fod marwolaeth yn destun tabŵ i'r dyn modern, a neb am sôn amdano. Brawychus oedd clywed neithiwr am deulu'n mynd ar wyliau i'r Aifft, a'r wraig yn marw'n sydyn mewn damwain, a'r gŵr yn goroesi. Mynd i'r haul i fwynhau gwyliau, a dychwelyd yn gorff marw. 'Ni wyddom na'r dydd na'r awr ...'

Yn anffodus, cawsom wared â llawer o'r defodau oedd ynghlwm wrth farwolaeth; a thrwy hynny golli canllawiau a fu'n gysur i deuluoedd a pherthnasau dros gyfnod maith. Mae gan hyd yn oed Ymneilltuwyr eu defodau pwysig, er eu bod yn wahanol ac efallai'n fwy cynnil na defodau'r Anglicaniaid a'r Catholigion!

Angladd ewythr oedd y cyntaf. Cafodd Islwyn lwyddiant ym myd busnes, wedi iddo gael gyrfa ddisglair yn y brifysgol ar ôl i'w deulu orfod aberthu er mwyn ei anfon yno. Roedd yn wyddonydd gwych, a bu'n gweithio i gwmni blaenllaw. Bu'n byw am amser maith yng Nghaergrawnt, ond dychwelodd i Gaerdydd ar ôl ymddeol. Roedd yn chwaraewr rygbi penigamp, a bu'n chwarae i dimau blaenllaw. Bu farw ei wraig rai blynyddoedd yn ôl, ond gofalodd ei deulu, ei gymar a'i ferch yn dyner amdano yn ei ddyddiau olaf. Yn yr amlosgfa yng Nghaerdydd yr oedd ei angladd, gyda'i Weinidog o gapel Minny Street, y Parchg Owain Llyr Evans, yn gwasanaethu. Diau yr adnabu Islwyn yn dda, a'i arwain yn dyner a chadarn yng nglyn cysgod angau, fel y cydnabu Islwyn ei hun wrthyf. A chadarnhaodd ei weinidog y gwyddai Islwyn fod y diwedd wedi dod, a'i fod yn dawel ei feddwl, ac yn gwerthfawrogi cymorth tyner ei Weinidog a'i deulu. Mae'n bwysig dechrau yn dda; a'r un mor bwysig gorffen yn dda.

Yn Salem, Canton, Caerdydd yr oedd yr ail angladd, gyda'r Gweinidog, y Parchg T. Evan Morgan yn llywio'r gwasanaeth a'r Parchg Ddr Alun Evans ac Euryn Ogwen yn talu teyrnged i Owen Roberts. Addas dros ben oedd i'r ddau olaf gymryd rhan, gan iddynt weithio am flynyddoedd i'r BBC gydag Owen Roberts. Cafwyd geiriau perthnasol o'r Ysgrythur a gweddïau cyfoethog gan y Gweinidog a theyrngedau cymwys, perthnasol gan Alun ac Eirwyn. Soniwyd am gefndir crefyddol a diwylliannol Owen fel mab y Mans, a'r modd y llwyddodd yn yr ysgol cyn mynd, fel llawer i Gymro, i Goleg yr Iesu, Caergrawnt, lle bu'n astudio hanes dan athrawon blaenllaw cyn dychwelyd i Gymru wedi graddio. Ymunodd â'r BBC ar adeg allweddol yn ei hanes, a daeth yn gyfarwyddwr llwyddiannus dros ben gan agor tiroedd newydd, cyn symud at ITV. Cefais y fraint o weithio gydag Owen ar nifer o raglenni. Roedd ganddo gydymdeimlad llwyr â'm gwaith o drin cleifion, yn enwedig y claf o feddwl. Roedd ef ac Ann yn gymdogion i ni, a gwelais ei iechyd yn dirywio dros y blynyddoedd diwethaf, ond ni chollodd ei urddas na'i hiwmor iach. Roedd yr angladd yn adlewyrchiad o'r parch a'r urddas a nodweddai ei fywyd hyd y diwedd.

Y trydydd angladd oedd y caletaf i mi, sef angladd fy ffrind gorau, G.F.H.D. – Heulwyn. Daethom yn ffrindiau yn 11 oed ar ein diwrnod cyntaf yn Ysgol Ramadeg Dyffryn Aman, a buom yn gyfeillion agos am 76 o flynyddoedd. Dyma ddyn llwyddiannus arall yn ei broffesiwn fel fferyllydd a gŵr busnes; dyn galluog ond mwyn a hael. Ei dad-cu oedd perchennog cwmni bysus Rees a Williams, Tycroes, Sir Gaerfyrddin, a'r teulu'n adnabyddus fel pobl haelionus dros ben. Hwy a gadwai'r gweinidogion a ddeuai i lenwi pulpud Bethesda bob Sul am flynyddoedd lawer, gan eu croesawu fel tywysogion. Mae lletygarwch yn rhinwedd Cristnogol, a chaiff le amlwg iawn yn y Beibl ac yn hanes yr Eglwys. Pwysleisia'r Hen Destament bwysigrwydd lletygarwch (Gen. 19:1–9; Eseia 50:6–7), ac felly hefyd y Testament Newydd. 'Byddwch barod eich lletygarwch,' meddai Paul wrth Gristnogion Rhufain (Rhufeiniaid 12:13), a 'gwnewch ef heb rwgnach,' atega Pedr (1 Pedr 4:9). Mae'r Testament Newydd yn gorchymyn i'r arweinyddion fod yn esiampl o'r haelioni hwn (1 Timotheus 3:2; Titus 1:8). Cefais i fy hun brofi haelioni Tycroes. Yn y blynyddoedd cynnar hynny, fe fwydodd Heulwyn fi â'r Ysgrythurau a phregethau, a'm cefnogi ym mhob dim. Am flynyddoedd, oblegid cwrs ein bywydau, aethom i wahanol gyfeiriadau, heb gyfarfod bron. Ond fel gwir ffrindiau, pan gyfarfyddom eto roedd y cyfeillgarwch mor gryf ag erioed. Gwyddwn fod Heulwyn yn gyfaill gwirioneddol – y math o ffrind 'sy'n glynu'n well na brawd'. Yn awr ei golli, sylweddolais fod cyfeillgarwch yn gymar i'n tristwch. Yn ddiau, mae 'Ich Hatt einen Kameraden' ('Yn y frwydr, ef oedd fy nghydymaith'), gan Uhland, yn un o'r themâu mwyaf ingol mewn llenyddiaeth. Dyma thema galarnad Dafydd am Jonathan, *Lycidas* Milton, *Thyrsis* Arnold ac *In Memoriam* Tennyson. Mae'n ein hatgoffa mai un o'r pethau tristaf mewn bywyd yw goroesi ein ffrindiau. Fe allwn i ailadrodd, gyda newid bach, ymadrodd Charles Lamb ar farwolaeth ffrind agos: 'Does neb i'm galw'n Dai mwyach ...' Hoffai Heulwyn ddarllen f'erthyglau yn *Y Pedair Tudalen*, a oedd yn aml yn sail i'n sgwrsio'r blynyddoedd olaf hyn. Roedd fel petai'r olwyn wedi troi'n ôl i'n dechreuadau; a minnau bellach yn cael y fraint o drosglwyddo'n ôl iddo ef yr Ysgrythurau a drosglwyddodd ef i mi gynt. Hyfryd oedd ei glywed yn tystio, 'Iesu, Iesu 'rwyt ti'n ddigon'. A gweddus oedd canu, ar ddiwedd yr angladd, y geiriau, 'O am aros, O am aros yn ei gariad ddyddiau f'oes ...'

A dyna'r geiriau oedd ar ben tudalen flaen taflen goffa'r pedwerydd angladd y bum ynddo, ac yn dilyn y geiriau hyn roedd 'Gwasanaeth o ddiolch am fywyd Huw Ethall'. Bu'r Parchedig Huw Ethall wrth gwrs yn weinidog llwyddiannus. Cafodd oes hir, a bu farw yn ei 90au. Roedd hefyd yn awdur a dyddiadurwr. Nodwyd ar y daflen hefyd fod Huw Ethall yn ŵr annwyl a thad addfwyn. Gwyddom oll ei fod yn ŵr bonheddig o Gristion, dyn bach o gorff 'ond yn gawr tirion o gymeriad, a nodweddion gwaith gras ar ei fyw a'i fod'. Roedd bob amser yn raslon, yn gryf ac eto'n dirion, yn sicr ei gred ond yn oddefgar o syniadau eraill. Adnabûm ef pan oedd yn gwasanaethu yn y Garnant, a minnau'n grwtyn yn ymweld â'r lle yn ystod y gwyliau gyda fy mam-gu, ac yn mynd i gapel Bethesda i'w glywed yn pregethu.

Yng Nghapel Minny Street Caerdydd y cynhaliwyd yr angladd, â'i Weinidog, y Parchedig Owain Llyr, yn arwain a phregethu a'r Parchg Ddr Alun Evans yn gweddïo. Sylwer mai pregeth, nid teyrnged, a gafwyd, a hynny ar gais arbennig Huw. Yn wir, roedd testun y bregeth wedi ei nodi ganddo hefyd: 'Mi wn fod fy mhrynwr yn fyw' (Job 19:25). Dyma bregeth fawr mewn oedfa arbennig, a'r pregethwr yn traethu'n nerthol iawn yr Efengyl lân, gan ddefnyddio Huw Ethall a'i gred a'i gymeriad a'i fyw fel esiamplau ac eglurebau. Roedd nodyn gorfoleddus a buddugoliaethus yn y gwasanaeth. Y pregethwr yn sôn am '*Yr Wn';* 'Mi *wn* fod fy mhrynwr yn fyw'. Soniai am gredu yn yr Atgyfodiad gan bwysleisio mai felly'r oedd

Huw Ethall yn credu – dim amheuaeth, dim petruso, dim *wishy-washy*, ond cred sicr yn yr Atgyfodiad: Atgyfodiad Crist, ac felly ei atgyfodiad ef ei hun a phob un sy'n credu yn yr Arglwydd Iesu. Pwysleisiwyd fod y gred hon yn y Crist Croeshoeliedig ac Atgyfodedig yn hollol hanfodol mewn byd ofnus, llawn amheuon; byd sydd ar goll a heb arweiniad sicr. Nid yn unig y credai Huw Ethall fod ei brynwr yn fyw, ond bu fyw fel un yn credu'n hyderus, gan dystiolaethau'n gryf ond yn raslon. Dyma *em* o bregeth, *gem* o oedfa, gwir ddathliad a diolch am Gristion gloyw a gadwodd y Ffydd ac a oleuodd eraill ar y daith. Diolch i Dduw am y perlau a gawn; pryd y cydia'r nef wrth y ddaear ac y medr ei blant weiddi'n fuddugoliaethus, 'Teilwng yw'r Oen ... yr hwn a laddwyd ac sydd eto'n fyw'. A byw hefyd fydd Ei saint.

A'r briodas? Fel y bu Crist a'i Ysbryd yn bresennol yn yr angladd ym Minny Street, roedd hefyd yn bresennol trwy ei Ysbryd yn y briodas yn Eglwys Andreas Sant yng Nghaergrawnt. Priodas nith ifanc arbennig a gafodd amser llwyddiannus yn Rhydychen, ond er yr holl demtasiynau herllyd a wynebai ni chyfaddawdodd ei ffydd yng Nghrist. Nid peth hawdd i'w wneud! Dewisodd gymryd swydd llawn amser ym myd elusen, ond parhaodd i weithio fel efengylydd yn yr eglwys leol. Mae'n Gristion gloyw, a chanddi allu arbennig fel efengylydd, yn enwedig ymhlith ieuenctid. Dechreuodd astudiaeth Feiblaidd yn ei gweithle, gyda phobl o bob oed a chred, ynghyd â rhai di-gred yn mynychu'r dosbarth. Eraill nad oedd bosibl iddynt fynychu ar y dydd apwyntiedig yn gofyn iddi aildrefnu grŵp ar ddiwrnod cyfleus arall. Faint ohonom ni a fu mor ddewr ac ymarferol i ddatgan ein ffydd felly? Roedd Tessa'n priodi â Barnaby, bachgen a gafodd amser llwyddiannus yng Nghaergrawnt fel myfyriwr ac fel arweinydd ieuenctid yn ei eglwys. Bu'n llwyddiannus iawn hefyd yn arwain gwersylloedd i'r ieuanc. Wedi'r briodas, mae'n bwriadu dilyn cwrs mewn Coleg Diwinyddol.

Roedd yr eglwys yn orlawn, yn cynnwys y 200 o wahoddedigion a llawer o ffrindiau o'r eglwys a'r Brifysgol, ac eraill a adnabu'r ddau ifanc. Ffrind ifanc, newydd ddechrau fel ciwrad, a lywiodd y gwasanaeth; ac ar gais y priodfab a'r briodferch pregethodd ar y testun, 'Yn hyn y mae cariad: nid ein bod ni'n caru Duw, ond ei fod ef wedi ein caru ni, ac anfon ei Fab i fod yn iawn dros ein pechodau' (1 Ioan 4:10). Pwysleisiodd nad rhywbeth meddal dros dro yw'r cariad sy'n sail i'r undeb rhwng gŵr a gwraig a briodwyd yng ngŵydd Duw, ond cariad a ddeilliodd oddi wrth Dduw ei hunan, ffynhonnell pob gwir gariad, a'r cariad hwnnw wedi ei amlygu yn y weithred o'r Tad yn anfon ei Fab i farw drosom a'n glanhau oddi wrth ein pechodau (1 Ioan 4:7,10). Yng nghanol y dryswch am le priodas yn ein cymdeithas, dyma ddatganiad nerthol clir o bwysigrwydd priodas dyn a menyw yng ngŵydd Duw ac yn ei Eglwys. Pwysleisiwyd felly mai'r teulu yw uned sylfaenol cymdeithas, a'r teulu Cristnogol yn arbennig yn medru byw gyda chariad, goddefgarwch a pharch at ei gilydd.

Yn y wledd briodas a ddilynai cafwyd te hyfryd wrth y byrddau. Roedd aelodau'r teulu'n bresennol, wrth gwrs, ond ffrindiau'r par priodasol ifanc oedd y mwyafrif. Rhai yn ffrindiau agos; eraill yn newydd ac yn aelodau o grwpiau Beiblaidd y ddau. Siarad naturiol am Iesu Grist a fu'n ŵr gwadd mewn priodas yng Nghana gynt, ond a oedd yn awr trwy Ei Ysbryd yn bresennol yng Nghaergrawnt. Pobl ifanc golygus, deallus yn dweud fel y bu i Tessa a Barnaby eu harwain i gredu yn Iesu Grist; eraill yn sôn am eu hamheuon. Rhoddodd yr olygfa'r teimlad o obaith am y dyfodol wrth i ni ddathlu priodas a chlodfori pen y teulu a'r Eglwys. A ninnau'n clywed o hyd am 'ddiwedd' y Ffydd Gristnogol, llawenydd mawr oedd cael bod yng nghanol 200 o bobl – y mwyafrif ohonynt dan 30 mlwydd oed – a oedd yn tystio'n agored ac yn naturiol am eu ffydd yn yr Arglwydd Iesu fel Ceidwad ac Arglwydd. Roedd fy ffiol yn llawn o orfoledd a diolchgarwch i'r Tad a'n carodd gymaint fel yr anfonodd ei Fab i'n byd i'n puro a'n prynu.

Trwy'r profiadau cymysglyd hyn, profais o'r newydd yr erys 'ffydd, gobaith a chariad, a'r mwyaf o'r rhai hyn yw cariad'. Maent i gyd yn eiddo i'r credadun. Halelwia! 'Diolch iddo byth am gofio llwch y llawr.'

# Ferryside 11 / 85 a Risca 10 / 13

'Cofio Ferryside ...' Dyma'r cyfarchiad a glywsom droeon yn ystod yr ugain mlynedd diwethaf, a hynny'n aml mewn llefydd annisgwyl. O ganlyniad, gofynnodd fy ngwraig i mi, 'Beth a ddigwyddodd yn Ferryside 'te?' Mae pawb ohonom yn profi uchafbwyntiau yn ystod ein rhod ar y ddaear hon, ac roedd y tridiau yn Ferryside rhwng Tachwedd 25 a 27, 1985 ymhlith yr amlycaf yn fy mywyd i. Gweinidogion Bedyddwyr De Cymru oedd yn cwrdd yn eu Cynhadledd Breswyl Flynyddol. Roedd oddeutu trigain ohonynt yno. Roeddwn i'n Brif Seiciatrydd Ysbyty Brenhinol Prifysgol Lerpwl ar y pryd, ac wedi cael gwahoddiad i draddodi pedair darlith ar 'Seiciatreg a Christnogaeth'. Y cais cyntaf oedd i mi draddodi darlith neu ddwy'r dydd, gyda'r Parchedigion Roy Jenkins, David Hughes ac Alistair Dickson yn darlithio ar wahanol agweddau ar Grist o safbwynt Matthew, Marc a Luc. Y Parchg Herbert Price oedd y caplan, a chawsom ganddo arweiniad dwys yn y gwasanaeth agoriadol, y gweddïau boreol a'r gwasanaeth cymun terfynol. Rhaglen lawn! Ond yn union cyn wythnos y gynhadledd, trodd Dafydd fy mab ataf a dweud ei fod yn disgwyl i mi a'i fam fod yn bresennol mewn seremoni yn Gray's Inn ddydd Mawrth, Tachwedd 26, pan fyddai'n cael ei alw i'r Bar, gan f'atgoffa na fûm yn yr un o'i seremonïau graddio (diffyg dynion proffesiynol sy'n gosod gwaith o flaen eu teulu!)

Bu trefnydd y gynhadledd yn raslon tuag ataf gan newid y rhaglen fel y medrwn ddarlithio brynhawn a nos Lun, teithio yn y *Porsche* i Gaerdydd y noson honno, codi'n fore a mynd ar y trên i Lundain i'r seremoni, dychwelyd ar f'union i Gaerdydd, codi'n fore iawn drannoeth a chyrraedd Ferryside mewn pryd i ddarlithio am naw o'r gloch y bore! A'r bois erbyn hyn yn mynnu fy mod yn disgrifio'r seremoni cyn dechrau'r ddarlith. Erbyn hyn, roedd dealltwriaeth arbennig rhyngom a *buzz* arbennig a hiwmor iach yn y trafodaethau. Wrth i mi geisio sôn am fy narlithiau fel *concerto* mewn tri symudiad, pwysleisiodd un mwy gwybodus na mi mai symffoni mewn pedwar symudiad ydoedd yn hytrach. Rhwng yr empathi arbennig a oedd rhyngom a'r addoliad dwys teimlwyd fod eneiniad arbennig, nad aeth yn angof, arnom yr wythnos honno. Yn wir, deilliodd bendithion di-rif o ganlyniad i'r eneiniad hwn a phresenoldeb Glân Ysbryd Duw. Ac yn ddiau, yr eneiniad hwn a wnaeth i 'effaith Ferryside' barhau am dros chwarter canrif. Un o'r ffyrdd yr amlygodd ei hun oedd trwy'r cyfeillgarwch gweithredol parhaol rhwng lleygwr o seiciatrydd fel fi a nifer o'r dynion hynny a roddodd eu hunain i wasanaethu Duw yn llawn amser. Ymysg y rhain oedd Rob James, Mount Pleasant, Penfro; John Rogers, Y Tabernacl, Penarth; Roy Jenkins, Ararat, Caerdydd a'r BBC; a John Hayward, Risca. Cefais alwadau cyson i wasanaethu yn eu heglwysi ar adegau arbennig, ac esgorodd hynny ar uchafbwyntiau pellach.

Mewn tŷ tafarn ym Mhenfro, siaradais am le ffydd mewn meddyginiaeth, a phregethu ym Mount Pleasant ar y thema 'Ewch...', yn seiliedig ar Gomisiwn Mawr ein Harglwydd i fynd 'i'r holl fyd a phregethu ...' (Marc 16:15). Roedd Rob yn llwyddiannus iawn yn ei gyfarfyddiad nid yn unig â'i bobl ei hun ond hefyd â phobl y tu allan i'r eglwys. Gwelsom gynnydd mawr hefyd yn y Tabernacl, Penarth ar adeg arbennig wedi pregethu ar 'Sancteiddiwch eich hunan, canys yfory mi wnaf ryfeddodau yn eich plith,' (Josua 3:5). Roedd John Rogers yn ddiweddarach yn cydnabod perthnasedd y neges i'r eglwys ar yr adeg honno. Roedd gwasanaethau'n galed iawn yn Ararat, oblegid yr oeddwn mewn galar trwm wedi colli fy ngwraig yn yr angau wedi deugain mlynedd o fywyd priodasol. Yn wir, yr adeg honno roeddwn wedi gohirio pob cyhoeddiad bron, ond mynnai Ysgrifennydd Ararat i mi gadw'r cyhoeddiad yno am fy mod wedi addo, ddwy flynedd cyn hynny, wasanaethu yn nathliad Canmlwyddiant yr Achos. Addawodd y byddai'r eglwys yn fy nghynnal yn fy ngwendid, ac felly y bu wrth i mi draethu ar y testun 'Iesu Grist, yr un ddoe, heddiw ac yn dragywydd' (Heb. 13:8), gan bwysleisio bod Crist ddoe'n ysbrydiaeth, Crist heddiw'n sialens a Christ yfory'n obaith i'w bobl.

Ymwelais â Moriah, Risca droeon i siarad â'r dynion wedi brecwast, ac yn arbennig yng nghyfarfodydd y Pasg, a phregethu ar '... a gwaed Iesu Grist ei Fab Ef sydd yn ein glanhau o bob pechod' (1 Ioan 1:7). Mentraf ddweud fod yr eglwys hon, fel y lleill, yn llwyddiannus yn eu cenhadaeth Gristnogol, a diolch am brofiadau mor gyfoethog.

Dyma oedd yn fy meddwl y dydd cyntaf o Hydref 2013 wrth deithio yn y car i angladd John Hayward, un o fois Ferryside. Bu farw'n sydyn wedi damwain yn yr ardd, ac yntau newydd ymddeol a dechrau ymlacio wedi deugain mlynedd o wasanaeth pur dros ei Arglwydd. Euthum yn gynnar i Moriah, a chyrraedd am hanner awr wedi deuddeg, a'r gwasanaeth i ddechrau am hanner awr wedi un. Ond anodd iawn oedd cyrraedd y capel. Roedd Risca fel petai ar stop, a phlismyn ym mhob man yn cyfeirio'r traffig. Roedd y lawntiau'n llawn pobl, cynteddau'r capel yn llawn, a'r capel mawr ei hun yn orlawn a phobl yn eistedd ar y grisiau. Gofynnais i un o'r swyddogion a oedd lle, ac atebodd fod y capel yn orlawn ers ychydig wedi deuddeg, ac y byddai raid i ni fynd i'r Parc lle'r oedd cannoedd wedi ymgynnull yn barod i wrando'r oedfa. Cymerodd un o'r teulu drugaredd arnom a'n dwyn i mewn gyda hwy i'r capel.

Gwasanaeth o fawl ac o ddiolch ydoedd am fywyd a gweinidogaeth Gristnogol John Hayward. Erbyn hyn, gwyddwn fod y teulu agos, a'r teulu ym Moriah, ac yn wir deulu ehangach fyth y dref a'r gymdeithas tu hwnt mewn stad o sioc ar farwolaeth sydyn John Hayward, a'u bod am dalu'r deyrnged olaf iddo. Roedd y torfeydd yn tystio ei fod yn gyfaill i bawb. Gweinidog Crist oedd John Hayward a arweiniodd liaws i gydnabod Iesu Grist yn Arglwydd ac yn Geidwad trwy ei bregethu clir a'i fyw empathig a'i allu i dderbyn ac i helpu pob dyn y cyfarfu â hwy. Fel ei Arglwydd, nid oedd neb y tu allan i gylch ei dosturi. Roedd torfeydd Risca ar Hydref 1, 2013 yn ffenomen ryfedd mewn gwlad baganaidd, ac yn brawf huawdl o ddylanwad un gweinidog ffyddlon i Iesu Grist.

Roedd yn anodd ac yn rhwydd i'w olynydd, y gŵr ifanc cadarn y Parchg Marc Owen, bregethu wedi i Clare a Steve, merch a mab John roi, gyda hiwmor cymwys, eu teyrnged dirion i'w tad a garent mor fawr. Roedd eu tad wedi eu caru hwy a'i wraig ffyddlon, Ann, a fu'r fath gefn iddo wrth iddo roi cymaint o'i egni ac amser i helpu eraill mewn angen. Nawr, meddai Ann, y cafodd brawf o hyn wrth dderbyn dros 700 o gardiau cydymdeimlad. Roedd yn anodd i Marc Owen oherwydd y sioc o golli John mor sydyn, a John wedi derbyn ei wahoddiad i barhau i'w helpu fel gweinidog cynorthwyol. Ar y llaw arall, roedd yn rhwydd pregethu am fod ganddo neges gref, gysurlawn i'w chyflwyno yn wyneb marwolaeth, er mor annisgwyl y bu i hwnnw daro. Roedd y pregethwr yn ddewr wrth godi'r testun 'Pam? ('Why?') Gwyddai mai'r cwestiwn hwn oedd ar wefusau'r rhan fwyaf o'r gynulleidfa fawr yn y capel ac yn y Parc. Pam y bu farw John Hayward 'nawr? 'Nawr, ac yntau newydd ymddiswyddo ac yn barod i helpu ei olynydd a pharhau yn y gwaith tra llwyddiannus o fugeilio. Dewrach fyth oedd y pregethwr pan gyfaddefodd nad oedd ganddo ateb parod a rhwydd. Ond gallai ein hatgoffa fod Mab Duw ei hun wedi gofyn yr un cwestiwn wrth farw trosom ar groes Calfaria. Ond er na allai ateb y cwestiwn, gwyddai heb os nac oni bai beth oedd tynged John Hayward ar ddiwedd ei daith ddaearol. Ar y daflen angladdol, roedd y geiriau a ddewisodd John ei hun yn tystio, 'Yr wyf wedi ymdrechu'r ymdrech lew, yr wyf wedi rhedeg yr yrfa i'r pen, yr wyf wedi cadw'r ffydd' (2 Timotheus 4:7). Llwyddodd John Hayward i gyffwrdd â llawer o fywydau a gadael argraff ddofn a pharhaol, fel y tystiai'r dorf yn y capel a'r Parc. Mae sioc a thristwch o'i golli mor sydyn. Ond gallwn orfoleddu hefyd o wybod iddo gael croeso mawr yn y nefoedd, a'i fod gyda'i Arglwydd sydd yn Atgyfodiad ac yn Fywyd; yr Arglwydd y bu John mor ffyddlon iddo. Gwyddom hefyd y bydd Duw yn cyflwyno iddo 'yn y dydd hwnnw' yr hyn a addawodd iddo, sef torch cyfiawnder, a diau y byddai John Hayward – fel y gwnaeth ar hyd ei fywyd – am dystio nad iddo ef yn unig y cyflwynir y dorch ond i 'bawb a fydd wedi rhoi eu serch ar ei ymddangosiad ef' (2 Timotheus 4:8). Pwysleisiodd y pregethwr eto, er na allwn ateb y cwestiwn 'Pam?', y sicrwydd sydd gennym fod bywyd tragwyddol i bawb sy'n credu yn y Crist Croeshoeliedig, Atgyfodedig. Ac wrth gamu i mewn i'r bywyd hwn ac i bresenoldeb ei Arglwydd, croesawyd John gyda'r geiriau, 'Da was da a ffyddlon, buost ffyddlon ar ... dos i mewn i lawenydd dy Arglwydd' (Mathew 25:21).

Wrth i'r pregethwr lefaru'r geiriau hyn, cododd y gynulleidfa fawr fel un, yn ddigymell, a gogoneddu Duw trwy glapio dwylo. Dyma oedd dydd i'w gofio nid yn unig yn y nefoedd ond ar y llawr. Dyn gwylaidd, a roes ei holl fywyd i wasanaethu'r Arglwydd Iesu Grist, yn ei farw yn para i lefaru Gair y Bywyd. Ymfalchïwn a gorfoleddwn fod Ceidwad i'r colledig, bod gobaith diddiwedd i gredinwyr, a bod Arglwydd byw i'w addoli a'i wasanaethu.

.

# TYWYLLWCH

## Dan y ferywen:
## Iselder Ysbryd a'r Cristion

'Dan ryw bren banadal ('dan ferywen', yr Hen Gyfieithiad), deisyfodd [Elias] o'i galon am gael marw, a dywedodd: "Dyma ddigon bellach Arglwydd, cymer f'einioes"' (1 Bren. 19:4).

Yn union wedi'r fuddugoliaeth fawr dros broffwydi Baal, ac yn wyneb bygythiad y frenhines Jesebel, gwelwn broffwyd mwyaf yr Hen Destament yn dianc i'r anialwch ac yn eistedd dan y ferywen, mor isel ei ysbryd nes ei fod am farw. Roedd yn dioddef oddi wrth iselder ysbryd hunanladdol; hynny yw, 'Salwch Iselder Ysbryd Mwyaf' ('Major Depressive Disorder') yn ôl dosbarthiad rhyngwladol y D.S.M. (*Diagnostic and Statistical Manual of Mental Disorders*).

### Pa mor gyffredin yw'r cyflwr hwn?
Dengys y gwaith ymchwil diweddaraf a wnaed dros bum mlynedd mewn 37 o wledydd ar draws y byd mai'r salwch hwn yw'r ail afiechyd meddygol mwyaf cyffredin yn y byd. Mae'n ail i glefydau'r galon.

Yn y Deyrnas Unedig, mae tair miliwn o bobl yn dioddef o'r iselder hwn ar unrhyw adeg, a hynny'n golygu bod deg y cant o'n poblogaeth yn dioddef ohono rywbryd yn ystod eu bywyd. Y mae'n anochel, felly, y bydd cannoedd o Gristnogion yn eu plith, yn enwedig pan sylweddolwn nad yw ein ffydd o anghenraid yn rhoi i ni imiwnedd rhagddo.

Rwyf newydd ddychwelyd o gynhadledd yn Holy Trinity, Brompton, Llundain, lle cychwynnwyd y cwrs Alpha. Thema'r gynhadledd oedd 'Afiechydon y Meddwl a'r Eglwys'. Yn wreiddiol, disgwylid y byddai oddeutu 80 o bobl yn cofrestru ar gyfer y cwrs. Ond erbyn i'r Gynhadledd gychwyn, roedd 800 o bobl yn bresennol, a 600 arall wedi ceisio lle ynddi. Roedd hynny'n adlewyrchu'r diddordeb cynyddol yn y pwnc hwn o fewn yr eglwysi ym mhob cwr o'r wlad.

Yn y cyfarfod olaf, roedd gweinidog ifanc yn annerch ar y testun, 'The Messy Church'. Wrth iddo gael ei gyflwyno, dywedwyd wrthym ei fod yn weinidog i eglwys o fil o aelodau. Ar ei ffordd i'r llwyfan, daeth ymlaen ataf, ac ysgwyd llaw a dweud, 'Diolch am eich llyfr (*I want a Christian Psychiatrist*). Flwyddyn yn ôl, yng nghanol y twf o fewn yr eglwys, fe ddioddefais salwch iselder ysbryd llym iawn, a theimlwn mor euog. Bu eich llyfr o help mawr i ddangos i mi fod gennyf hawl i ddioddef felly, ac nad oedd Duw wedi cefnu arnaf.'

Rwyf am ddweud am yr erthygl hon yr hyn a ddywedodd y Parchg Roy Jenkins am y llyfr hwnnw: 'Os bydd yn argyhoeddi un person fod Duw yn para i'w garu, beth bynnag yw stad ei iechyd meddyliol, ni fydd yn ofer. Gwell fyth os gall gynorthwyo eglwysi i ddelio'n fwy sensitif a deallus â'r dioddefwyr. Gobeithiaf y llwydda i wneud y ddau.'

Mae'n bwysig iawn derbyn y ffaith fod gan y Cristion hawl i ddioddef yr iselder ysbryd mwyaf. Yn anffodus, mae rhai awduron Cristnogol wedi dweud i'r gwrthwyneb; ac yn aml, ni fu agwedd yr Eglwys o help. Gwaetha'r modd, mae'r stigma sydd ynghlwm wrth afiechydon y meddwl yn parhau yn ein gwlad, a hyd yn oed ymysg ein cyd-aelodau eglwysig, yn yr unfed ganrif hugain!

Pan aeth mam ifanc i'r ysbyty cyffredinol i gael ei baban, ymwelodd llu o bobl â hi, yn cynnwys ei theulu a'i chyd-aelodau. Pan ddioddefodd iselder ôl-esgor, a gorfod mynd i'r ysbyty meddwl, diflannodd pawb ond ei gŵr. Cofiaf i'r fam dalentog ddweud wrthyf: 'Pe byddent ond yn ymweld â mi i'm hatgoffa fod Duw yn para i'm caru!'

Pennod 25 Efengyl Mathew yw un o benodau mwyaf nerthol y Testament Newydd. Ynddi, mae Crist ei hun yn ein hannog i ymweld â'r claf. Ac yn sicr, mae'n golygu'r claf o feddwl, yn ogystal â'r claf o gorff. Nid oes gwahaniaethu ym meddwl yr Iesu. A chofiwn beth a ddywedodd ef am yr act o gofio ac o ymweld â'r claf: 'Yn gymaint ag ichwi ei wneud i un o'r lleiaf o'r rhain, fy mrodyr, i mi y gwnaethoch'. A chofiwn iddo'r un pryd ddweud: 'Yn gymaint ag ichwi beidio â'i wneud i un o'r rhai lleiaf hyn, nis gwnaethoch i minnau chwaith'. Rwy'n siŵr nad ydym yn hoffi darllen y geiriau a ganlyn; ond dyma ddyfyniad o Mathew 25:46: 'Ac fe â'r rhain ymaith i gosb dragwyddol, ond y rhai cyfiawn i fywyd tragwyddol'. Ac nid oes eithriad. Gall unrhyw un ohonom gael ein taro ag iselder ysbryd llym heb rybudd: yr hen a'r ifanc; y du a'r gwyn; y tlawd a'r cyfoethog; yr enwog a'r anenwog; yr addysgedig a'r annysgedig; yr ordeiniedig a'r lleyg. Wedi oed llencyndod, mae dwywaith cymaint o fenywod na dynion yn dioddef.

## Symptomau afiechyd iseldir ysbryd llym

❖ Seicolegol: Iseldir ysbryd llym, a hwnnw fel rheol yn waeth yn y bore; blinder; diffyg diddordeb; teimlo'n anobeithiol neu'n aneffeithiol.

❖ Biolegol: Diffyg cwsg, yn arbennig dihuno yn yr oriau mân, tua 2 a 3 o'r gloch y bore, a methu mynd yn ôl i gysgu; colli archwaeth; colli libido; a cholli pwysau heb reswm.

❖ Symptomau eraill: Euogrwydd, fel rhan hanfodol o'r afiechyd, yn ychwanegol at yr euogrwydd y soniais amdano uchod a brofir gan y Cristion.

❖ Ysbrydol: Colli ffydd; methu gweddïo; methu darllen Gair Duw yn aml.

Mae'r cyfan yn gyflwr o uffern ar y ddaear, na all neb sydd heb ddioddefodd yn y modd hwn ei ddeall.

Rhaid cyfaddef ei bod yn anodd i'r teulu agos sy'n byw gyda'r claf ei ddeall hefyd, ac y mae eu consyrn a'u pryder hwy yn fawr.

## Mae triniaeth lwyddiannus ar gael

Y driniaeth fodern gyffredin yw cyffuriau; hynny yw, cyffuriau gwrth-iselder. Ynghyd â'r cyffuriau, rhaid hefyd wrth seicotherapi. Yn aml, therapi ymddygiad gwybyddol ('cognitive behavioural therapy') yw'r dewis; ond ar adegau, rhaid wrth seicotherapi dyfnach. Mae seicotherapi o bob math yn golygu siarad â'r claf. Efallai y bydd rhaid aros am rywfaint o welliant trwy'r cyffuriau cyn y gellir dechrau'r siarad. Yn sicr, rhaid creu empathi arbennig â'r claf, a rhaid i'r claf allu ymddiried yn y therapydd. Er mwyn i'r cyffuriau fod yn effeithiol, rhaid eu cymryd yn rheolaidd; ac mewn gwirionedd, mae'n werth eu cymryd am fisoedd wedi i'r symptomau ddiflannu.

Gwn fod yna bryderon ynglŷn â'r cyffuriau – hyd yn oed yr euogrwydd o orfod 'dibynnu ar gyffuriau', yn enwedig ymysg Cristnogion. Ond yr ydym yn barod i gymryd cyffuriau at bob clefyd arall; a chreadigaethau Duw yw'r rhain er gwellhad oddi wrth afiechyd uffernol.

Mae pwysigrwydd ceisio gwella'r salwch iselder ysbryd mwyaf yn amlwg o gofio bod 90 y cant o'r bobl sy'n cyflawni hunanladdiad yn dioddef o'r cyflwr hwn.

Yn ychwanegol i'r cyffuriau a'r seicotherapi, gall ymarfer corff, sy'n cynhyrchu endorffinau, a bwyd addas fod o help hefyd. Sylwn fod Duw wedi defnyddio'r moddion hyn yn hanes Elias. Rhoddodd Duw hefyd iddo bwrpas newydd i fyw. Fe bwysleisiodd Duw ei werth fel unigolyn. Caiff y teulu, ac aelodau teulu Duw, le yn nhriniaeth y claf, trwy ddangos empathi a chariad gweithredol; a thrwy roi cymorth uniongyrchol i'r claf a'r teulu sy'n teimlo'n aml eu bod ar eu pen eu hunain. A rhaid i'w cyd-aelodau nid yn unig weddïo dros y claf, ond gweddïo yn ei le hefyd trwy gyfnod y salwch.

Bydd problem feddygol iselder ysbryd yn cynyddu'n enbyd gyda'r dirwasgiad presennol, yn ôl rhifyn diweddaraf y B.M.J. (*British Medical Journal*). Gwelwn, felly, ein cyfle fel eglwys Crist ar y ddaear i fod yn barod i gynorthwyo, i garu'n ymarferol, ac i helpu i iachau cymaint o'n cyd-ddynion, ein brodyr a'n chwiorydd, sy'n dioddef o'r cyflwr mwyaf uffernol hwn ar y ddaear, sy'n gwneud iddynt ofyn am farw.

# Catherine Zeta Jones a'r Felan

Teg oedd y ganmoliaeth frwd i Catherine Zeta Jones am ddatgelu ei bod yn dioddef oddi wrth afiechyd deubegynol ('bipolar') neu seicosis manig-oriog ('manic-depressive'). Bu hyn yn help mawr i lawer iawn o bobl sy'n dioddef oddi wrth glefyd o'r fath, a hefyd i'w teuluoedd a'u ceraint. Wrth iddi hi, y ferch o Abertawe sy'n seren yn Hollywood, ddatgelu hyn, mae'n helpu i gael gwared â'r stigma ofnadwy ynglŷn â'r clefyd hwn, a chlefydau'r meddwl yn gyffredinol, a thrwy hynny'n lliniaru poen y dioddefwyr a'u teuluoedd.

Mae afiechyd Zeta Jones yn amlygu llawer peth am yr afiechyd hwn. Mae'n dangos yn arbennig nad yw cyfoeth nac enwogrwydd, na bod yn briod â dyn enwog a chyfoethog iawn, na bod yn fam i ddau blentyn hyfryd, yn ei gwahardd rhag syrthio'n ysglyfaeth i'r clefyd enbyd, peryglus hwn: clefyd sy'n lladd; clefyd sy'n parhau; clefyd sy'n briwa bywyd.

Dyma fydd ail glefyd pwysicaf y byd erbyn 2020, pan fydd un o bob deg ohonom yn dioddef ohono, gyda'r canlyniadau erchyll o fethu gweithio; methu cyfathrachu â'r teulu a ffrindiau; methu darllen Gair Duw a gweddïo; gyda'r ymdeimlad mawr o fethiant ac euogrwydd. Ac yn aml iawn, fe ddaw â'r ymdeimlad hefyd o fod eisiau ein gwaredu ein hunain o'r holl ddioddef.

Fe'm hysgogwyd i ddychwelyd i ddelio â'r testun hwn yn *Y Pedair Tudalen* o ddarllen am gyhoeddiad Catherine Zeta Jones, a hefyd o ddarllen yr un wythnos yr ystadegau canlynol: bod presgripsiynau am gyffuriau gwrth-iselder ysbryd wedi cynyddu 43 y cant ers 2006, i 41 miliwn. Mae hanner y rhain yn SSRI's ('selective serotonin reuptake inhibitors'), fel y gelwir dosbarth y cyffuriau hyn.

Heb os nac oni bai, gwn fod cannoedd o Gristnogion yn dioddef oddi wrth afiechyd deubegynol neu unbegynol ('bipolar' neu 'unipolar'), ac yn cymryd y cyffuriau hyn sy'n arbennig o effeithiol.

Problem fawr i lawer o Gristnogion yw derbyn y gallant ddioddef oddi wrth iselder ysbryd llym, a derbyn triniaeth briodol megis cyffuriau. Yn aml, teimlant mor euog. Rwy'n ofni nad yw clywed pregethwr yn dweud na ddylai unrhyw wir Gristion ddioddef oddi wrth iselder ysbryd ond yn dwysau eu heuogrwydd a'u pryder. Gorfu i mi wrando ar y fath ddatganiad creulon unwaith eto'n ddiweddar, a minnau'n gwybod fod nifer o ddioddefwyr yn y gynulleidfa. Dyna reswm arall dros ysgrifennu'r erthygl hon. Rwyf am ail adrodd y ffaith fod gan y Cristion hawl i ddioddef afiechyd megis iselder ysbryd llym, ac i gael y driniaeth iawn, sy'n cynnwys cyffuriau. Cofier fod bod yn brudd yn rhywbeth eithaf naturiol. Mae afiechyd deubegynol, ar y llaw arall, yn abnormal a thu allan i'n rheolaeth ni. Galwodd yr Athro Lewis Wolpert y cyflwr yn brudd-der ffyrnig ('malignant'), ac yntau yn Athro mewn bioleg ac wedi dioddef cyfnod hir o iselder llym.

Ofnaf nad yw ein ffydd Gristnogol o anghenraid yn ein rhyddhau ni o'r posibilrwydd o ddioddef yr afiechyd creulon hwn, sy'n gwneud i'r claf gredu yn aml fod Duw wedi ei adael, ac na all weddïo mwy. Dyna a deimlodd y Salmydd yn aml: 'Deffro, paham y cysgi, O Arglwydd? Cyfod, na fwrw ni ymaith yn dragywydd. Paham y cuddi dy wyneb ac yr anghofi ein cystudd a'n gorthrymder?' (Salm 44: 23–24). Dyna a deimlodd Elias dan y winwydden. Dyna a deimlodd ein Gwaredwr ar y Groes, wrth iddo ddweud, 'Fy Nuw, Fy Nuw, paham y'm gadewaist?' Tasg ei gyd-gristnogion yw cynnal y claf; gweddïo drosto, hyd nes y medr ef ei hun weddïo eto; ei dderbyn fel y mae; bod yno gydag ef, wrth ei ochr; rhoi cymorth ac empathi iachusol sy'n ei atgoffa nad yw Duw wedi cefnu arno. Pwysleisia hyn fod cariad Crist yn para i'w gofleidio a'i iachau.

A rheswm arall dros ddychwelyd i sôn am iselder ysbryd llym yw ei fod yn gyfle i ddelio â llawer o gwestiynau a ddaeth i'r amlwg wrth i bobl ymateb i'm herthygl flaenorol ('Dan Y Ferywen', *Y Pedair Tudalen*, Mehefin / Gorffennaf 2010), ond na chefais gyfle hyd yma i'w hateb. Diau y cyfyd rhagor o gwestiynau, ond rwy'n gobeithio y daw'r ychydig eiriau hyn â chysur i'r dioddefwyr, a mwy o ddealltwriaeth i'n cyd-aelodau, fel y byddwn yn fwy effeithiol wrth helpu'r claf, boed yn Catherine neu Lisa neu Farged. Oherwydd cofiwn eiriau ein Hiachawdwr Iesu, 'Yn gymaint ag y gwnaethoch i un o'r rhai bychain hyn, i mi y gwnaethoch ... bum glaf ac ymwelsoch â mi ...'

# Katharine Welby a'r Felan

Katharine Welby yw merch Archesgob newydd Caergaint, Justin Welby. Ar ei blog, ac mewn cyfweliad â'r wasg yr wythnos hon, datguddiodd i'r cyhoedd ei bod yn dioddef oddi wrth iselder ysbryd clinigol llym. Pwysleisiodd bod rhaid i Gristnogion dderbyn y ffaith y gall pobl y Ffydd hefyd ddioddef oddi wrth yr afiechyd hwn. Felly, mae'n ailddweud yr hyn y bûm i'n ceisio ei bwysleisio ers dros hanner canrif, sef bod gan y Cristion hawl i ddioddef oddi wrth iselder ysbryd llym. Golyga hyn nad oes eisiau i'r Cristion deimlo'n euog, ac nad oes yna le o gwbl i'w gyd-gristnogion ei gondemnio. Pwysleisia merch yr Archesgob y dylai'r Eglwys wneud mwy i gael gwared â'r stigma sydd ynghlwm wrth afiechydon y meddwl a gwella agwedd llawer o Gristnogion. Pwysleisiodd fod yn rhaid i Gristnogion dderbyn y faith y gall pobl y Ffydd hefyd ddioddef, a dioddef hyd yn oed glefydau meddyliol megis iselder-ysbryd. Rhydd ddisgrifiad clir o'r stad glinigol a'r symptomau wrth ddisgrifio'i phrofiad ei hun. Teimlai flinder mawr er bod ganddi'r hyn a edrychai ar yr wyneb yn fywyd hyfryd, gyda theulu cynorthwyol, gwaith da a chymar arbennig yn ei charu. Catalyst i'w hiselder oedd torri cysylltiad â'r cariad hwnnw. 'Chwalwyd fy mywyd,' meddai, 'teimlais mor ddiwerth, a chredwn na fynnai neb fy nerbyn; roeddwn yn faich ar bawb.' Ychwanega, 'Ni fynnwn fyw mwyach; tyfodd y syniad a'r teimlad hwn yn gryfach a chryfach'. Collodd bwysau'n ddifrifol. Dyma batrwm arbennig o'r cyflwr fel y'i corfforir yn DSM, 5 (*Diagnostic and Statistical Manual of Mental Disorders, 5*) a gynlluniwyd gan seiciatryddion yr Amerig gyda help seiciatryddion o weddill y byd. Dyma sail y categorïau diagnostig a ddefnyddir gan seiciatryddion trwy'r byd. Ac yn ddiddorol, y mis hwn y cyhoeddwyd y 5ed argraffiad. Gwn fod rhai'n beirniadu'r duedd i feddyginiaethu hyd yn oed broblemau personol a chymdeithasol fel galar, diweithdra ac ysgariad. Cyfaddefaf fod yna duedd i alw cyflwr person sy'n isel ei ysbryd yn afiechyd meddwl. Y drafferth yw ein bod yn defnyddio'r gair cyffredin 'iselder' i ddisgrifio gwahanol gyflyrau, megis teimlad neu symptom neu afiechyd meddwl. Mor bwysig, felly, yw archwilio'r person yn fanwl a gwybod arwyddocâd y symptomau a'r arwyddion. Diau fod Katharine Welby'n disgrifio'r cyflwr clinigol 'iselder ysbryd', neu *'bipolar disorder'* (o roi arno'r label ffasiynol), neu *'manic depression'* (o roi arno'r hen label a ddefnyddiwyd yn ddiweddar pan ddychwelodd Catherine Zeta Jones i'r ysbyty am 30 o ddyddiau am driniaeth bellach).

Datgelodd Katharine Welby iddi wella'n raddol wrth gael triniaeth feddygol ac ysbrydol. Sonia am y cyffuriau addas a gafodd a'r (seico)therapi, ynghyd â darllen y Beibl. Pwysleisia, felly, yr angen a'r hawl i'r Cristion dderbyn y feddyginiaeth fodern, addas heb deimlo'n euog a gwan, a hefyd heb orfod wynebu condemniad pechaduriaid gwan o gyd-gristnogion. Sylwer fod y ferch Gristnogol hon yn pwysleisio bod y cyffuriau priodol, y gwrthiselyddion ('antidepressants'), wedi bod yn rhan o'i meddyginiaeth ac wedi bod o help yn y broses o iachau. Mae hyn yn bwysig ac yn gysur i Gristnogion sy'n gorfod wynebu'r dewis hwn, yn enwedig pan fo cymaint o feirniadu ar therapi o'r fath. Yn wir, ceir y fath feirniadaeth hon mewn llyfr arall a gyhoeddwyd y mis hwn, *Cracked*, gyda'r awdur yn ein cyhuddo fel meddygon o orddefnyddio cyffuriau, gan ein hatgoffa bod 47 miliwn o bresgripsiynau'n cael eu rhoi gennym bob blwyddyn. Cyfaddefaf ein bod yn gorddefnyddio ac yn camddefnyddio'r gwrthiselyddion, ond nid yw hyn yn golygu na ddylem eu defnyddio pan yw'n iawn i wneud hynny; er enghraifft, pan yw'r claf yn dioddef oddi wrth iselder ysbryd clinigol. A phwysleisiaf eto fod hyn mor berthnasol i'r Cristion ag i unrhyw glaf arall.

Pwysleisiodd Ms Welby fod darllen Gair Duw hefyd wedi bod o help arbennig iddi yn y broses o wella. Roedd Gair Duw yn gymorth yn ystod y storm ac yn rhoi gobaith iddi. Gwn na fedr rhai Cristnogion ddarllen y Beibl yn nyfnder eu duwch a'u tywyllwch, a bod rhaid i eraill ddarllen iddynt tra maent yn y cyflwr hwn. Gall eraill ddarllen drostynt eu hunain, ac mae rhannau arbennig o'r Ysgrythur yn berthnasol dros ben, megis y Salmau. Dengys Salmau 22, 32, 38, 42 a 48 bod y Salmydd yn gwybod am y cyflwr hwn. Felly hefyd Salm 56:8, lle dywed y Salmydd, 'yr wyt ti wedi cofnodi fy ocheneidiau, ac wedi costrelu fy nagrau'. Yn wir, nid oes dim tu allan i wybodaeth ein Duw: 'Ni chuddiwyd fy ngwneuthuriad oddi wrthyt ... Gwelodd dy lygaid fy nefnydd di-lun' (Salm 139:15, 16). Dengys sut y daw ein Tad Nefol â chysur i ni, pa mor anobeithiol bynnag y bo ein sefyllfa, 'ac er i'r tywyllwch fy nghuddio ac i'r nos gau o'm hamgylch, gallwn glodfori'r Arglwydd am nad yw'r tywyllwch yn dywyllwch i ti' (seiliedig ar Salm 139:11–12).

Tu hwnt i'r cyfan, arwain y Salmydd ni at y Gair eithaf i ni: ei Fab yr Arglwydd Iesu. Yn ystod ei fywyd ar y ddaear, dyfynnodd Iesu'r Salmau'n fynych, gan ddangos mai Ef ei hun oedd cyflawniad yr hyn oll y sonient amdano. Ef oedd gwir Fab y Dyn, yr eneiniedig un, y gwir Frenin. Ef hefyd oedd y gwir wrthodedig un a ddyfynnodd ddechrau Salm 22 wrth iddo hongian mewn ing ar y groes, 'Fy Nuw, fy Nuw, paham y'm gadewaist?' Y foment honno, cyrhaeddodd ddyfnderoedd absoliwt ei anobaith, wrth iddo dderbyn ein cosbedigaeth ni arno'i hun. Dyma'i brofiad eithaf ef o'n dyndod ni a'r dieithriad llwyr oddi wrth ei Dad nefol. Nid oedd felly unrhyw lefel o boen corfforol na seicolegol nad oedd yr Arglwydd ei hun wedi ei brofi, a thrwy ei aberth ef yr iachawyd ac yr achubwyd pob un sy'n credu yn ei aberth drud. Dyma'r gobaith y sonia Katharine Welby amdano'n fuddugoliaethus, er ei thrallod a'i dioddefaint ei hun. Pwysleisia y gellir dod o hyd i'r gobaith hwn yn yr Eglwys heddiw, os bydd yr Eglwys yn fodlon derbyn bod gan y Cristion hawl i ddioddef, a dioddef hyd yn oed afiechyd meddwl.

Seiliwyd y gobaith hwn ar y ffaith bod gennym, felly, archoffeiriad mawr sydd wedi cyd-ddioddef â'n gwendidau ni ac sydd yn ein cymell i nesáu at orsedd gras, nid gorsedd barnedigaeth a chondemniad. A rhyfedd ras; golyga hyn y medrwn mewn gwirionedd nesáu mewn hyder at yr orsedd hon, er mwyn derbyn trugaredd a chael gras yn gymorth yn ei bryd (seiliedig ar Hebreaid 4:14–16).

Felly, bydded i bob un ohonom sy'n ei alw ei hun yn Gristion, a phob eglwys y mae'r Crist yn ben arni, weddïo'n daer ar i Dduw faddau i ni oll ein diffyg dealltwriaeth a chydymdeimlad â'r rhai sy'n dioddef, ac yn enwedig y claf o feddwl. A boed i ni ofyn am ostyngeiddrwydd a nerth i dderbyn a chofleidio a charu'r bobl hyn ar hyd llwybr iachâd ac iachawdwriaeth, gan gofio, 'Yn gymaint ag y gwnaethoch i un o'r rhai bychain hyn i mi y'i gwnaethoch'.

# 'Tywyll Heno'

Gwnaeth Alan Llwyd gymwynas fawr â ni fel cenedl yn ddiweddar trwy gyhoeddi cofiant swmpus i Kate Roberts, un o awduron gwir fawr Ewrop yr ugeinfed ganrif. Rydym fel cenedl fach yn rhy barod i genfigennu yn wyneb llwyddiant mawr, ac yn aml yn codi dyn i'r uchelderau cyn ei dorri i lawr unwaith y cyrhaedda'r brig. Ond er pob newid, saif Kate Roberts fel Everest (nid fel Yr Wyddfa, sylwer), ymhlith y goreuon. Ond ofnaf fod Alan Llwyd yn andwyo'i gampwaith o gyfrol trwy awgrymu fod Kate yn hoyw, heb dystiolaeth ddigonol; yn wir, heb dystiolaeth o gwbl braidd. Oherwydd, os yw cusan ar wefus un fenyw, er yn bleserus, yn sail i'r honiad pwysig hwn, yna mae mwyafrif menywod Cymru yn hoyw!

Cefais i fy hun gyfle i holi Kate Roberts yn fanwl ac yn ddwfn – fel y disgrifiaf isod – a gallaf gadarnhau nad oedd unrhyw dystiolaeth ei bod hi'n hoyw. Mae *Golwg* (Tachwedd 10, 2011), mewn erthygl heb enwi'r awdur, yn ceisio awgrymu'n gryf ei bod hi'n hoyw; a dywedir fod Katie Gramich o Brifysgol Caerdydd wedi dod i'r un casgliad ag Alan Llwyd. Ond y mae'r esiampl a rydd hi wrth gyfeirio at *Tywyll Heno* yn hollol ffaeledig. Ar y cyfan, dengys *Tywyll Heno* nad oedd Kate yn or-hoff o fenywod, a daeth yn ffrindiau â Melinda, merch o'r tu allan i'r capel, am fod honno'n fodlon ei derbyn tra oedd yn dioddef oddi wrth afiechyd iselder ysbryd. Nid oes mymryn o dystiolaeth fod yna elfen rywiol i'r berthynas. Mae Kate yn disgrifio'r hyn a welais ar hyd y blynyddoedd, a'r hyn a ddisgrifiodd y Parchedigion Dyfrig Rees a Derwyn Morris Jones yn *Y Pedair Tudalen* yn ddiweddar, sef diffyg empathi Cristnogion â phobl sy'n dioddef oddi wrth afiechydon y meddwl, ac yn eu plith iselder ysbryd clinigol.

Cytunaf yn llwyr â safbwynt Derec Llwyd Morgan, yn ei adolygiad o'r llyfr pwysig hwn yn *Golwg* (Tachwedd 24, 2011), pan ddengys nad oes yna dystiolaeth fod Kate Roberts yn hoyw, a hefyd pan ddywed, 'Rhyfyg hunan-dwyllodrus biau datgan o'r fath,' oblegid gan nad oes arlliw o dystiolaeth bod Kate yn hoyw, rhaid mai tafliad ('projection') o syniadau a theimladau'r awduron eu hunain yw sail eu honiad.

Rhyfeddaf hefyd bod y fath bwyslais wedi ei roi ar y wedd hon o'i phersonoliaeth, ond na ddeliwyd o gwbl â'r ffaith eglur iddi ddioddef 'pyliau o'r felan, y duwch, y mwgwd etc.' Dyna yw *Tywyll Heno*: nofel am iselder ysbryd clinigol. Clasur o ddisgrifiad. Ni ellir dadansoddi bywyd Kate

Roberts na'i gweithiau llenyddol, yn enwedig y clasur, *Tywyll Heno*, heb gymryd i ystyriaeth y ffaith iddi ddioddef oddi wrth iselder ysbryd clinigol o dro i dro. Ac o'i ddarllen a sylwi ar yr angerdd, ni allwn amau i Kate ei hun ddioddef oddi wrth y felan. Ac yn wir, dyna a gyfaddefodd i mi yn y cyfweliad a gawsom o flaen y camerâu yn stiwdios y BBC yng Nghaerdydd, ac yn yr oriau o ymgom cyn ac yn dilyn hynny. Digwyddodd hyn hefyd pan oeddwn i ar y brig yn fy ngwaith yn Ysbyty Prifysgol Lerpwl, ac yn trin nifer fawr o gleifion oedd yn dioddef oddi wrth iselder ysbryd clinigol gan ddefnyddio cyffuriau fel gwrth-iselyddion a seicotherapi dwfn, y feddyginiaeth fwyaf pwerus ar gael.

Tua 1970, cefais y fraint o bregethu yng Nghyfarfodydd Blynyddol Capel Mawr, Dinbych, pan oedd y Parchg Cynwil Williams yn gwasanaethu'n llwyddiannus iawn yno. Gwnaeth Cynwil gymwynas â mi'r penwythnos hwnnw. Wedi oedfa'r nos, aeth â mi i weld Kate Roberts yn ei chartref. Cawsom groeso brwd am fod gan Kate barch mawr at ei bugail, a gymerai ofal mawr ohoni a hithau erbyn hynny'n gaeth i'w chartref ac yn methu mynychu'r moddion fel y gwnâi'n gyson cyn ei damwain. Cawsom sgwrs ddifyr a chyfoethog.

Diau i ni ddod ymlaen yn dda â'n gilydd, oblegid ychydig fisoedd wedi hynny, er bod ganddi air o fod yn anodd weithiau, cytunodd i ddod i Gaerdydd i wneud rhaglen deledu hanner awr gyda chriw o Adran Crefydd y BBC. Roedd y cynhyrchydd galluog, y Parchg John Stuart Roberts, awdur hunangofiant canmoladwy Siegfried Sassoon, am drafod yr afiechyd cyffredin pwysig, iselder ysbryd clinigol. Yr oedd am seilio'r drafodaeth ar un o gartwnau MGM, sef *Tom and Jerry - The Downhearted Duckling*. A dyna a wnaethom.

Rhannwyd y cartŵn i sawl rhan gan ddechrau gyda'r hwyaden fach yn cerdded o amgylch â sach dros ei phen, yn crio'n ddi-stop, ddim am i neb ei gweld am ei bod yn tybio ei bod yn ofnadwy o hyll; yn wahanol i'r hwyaid eraill i gyd. Wedi dangos y rhan hwnnw o'r cartŵn, dangoswyd actores yn darllen y paragraffau perthnasol o *Tywyll Heno*. Rhyfedd mor debyg oedd symptomau'r nofelydd i gyflwr yr hwyaden fach. 'Dŵad wnaeth y digalondid yn sydyn ... Yr oedd y digalondid ei hun yn stad yr oeddwn i wedi mynd iddi; dim diddordeb gen i yn y byd o'm cwmpas; dim yn edrach ymlaen i'r dyfodol; byth yn edrach yn ôl i'r gorffennol chwaith. Doeddwn i ddim yn medru mwynhau'r pethau oeddwn i'n fwynhau ar un adeg ... Ymhen tipyn fe aeth y digalondid ei hun yn rhywbeth yr oeddwn i yn ei weld mewn darluniau; yn fwgwd am fy mhen; yn glwt o dduwch; yn bwysau wrth fy nghalon, a'r pwysau ar dorri ... a dyna lle'r oeddwn i'n dŵad yn well am bwl go hir, ac mi fyddai'n dŵad yn ôl wedyn.'

Dyma oedd disgrifiad cynhwysfawr o symptomau iselder ysbryd clinigol clasurol. Pwysleisiaf eto na fedrai neb ddisgrifio'r cyflwr gyda'r fath empathi oni bai ei fod wedi eu profi hwy drosto'i hun.

Yn y stiwdio, wedi'r darlleniad, trodd y camera ac aros ar Kate a minnau, tra cawsom gyfweliad dwfn am yr hyn a ddyfynnwyd; a chydnabu iddi brofi'r symptomau hyn ei hun. Roedd ei thystiolaeth o'r cyflwr a'r dioddef, gyda'i gallu arbennig i drin geiriau, mor nerthol fel nad anghofiais y profiad. Fe ddysgais fwy ganddi am y cyflwr hwn, a wynebwn bob dydd yn fy ngwaith, nag y medrwn ei ddysgu trwy wneud dim ond darllen gwerslyfrau.

Ac ymlaen â ni: yr hwyaden fach yn yr ail ran yn mynd o amgylch gan sôn am y pethau a'r bobl a achosodd ei hiselder, yn enwedig diffyg derbyniad gan yr hwyaid eraill, ei 'peer group'. A'r darlleniad o'r nofel hefyd yn awr yn sôn am achosion iselder yr awdures: 'nid gan bethau o'r tu allan ... ond yn sownd wrth rywbeth arall! Yr oedd gen i ffydd; yr oedd Williams, Pantycelyn wedi dweud pob dim drosof fi, ond fe aeth hwnna i gyd; fedrwn i gredu dim.' Y mae Kate hefyd yn sôn yn y nofel amdani ei hun yn 'gwylltio a ffrwydro' yn y capel un noson am y 'teimlwn mai rhagrith oedd o ynddyn nhwtha'.

Dywed Alan Llwyd yn ei gofiant fod Kate Roberts wedi cyfaddef i Cynwil Williams, a aeth yn weinidog i'r Capel Mawr yn fuan wedi cyhoeddi *Tywyll Heno*, mai hi oedd Bet, gwraig y gweinidog yn y nofel. Ac yr oedd yn cydnabod hynny hefyd yn y cyfweliad â mi yn y stiwdio.

Ac wele ni yn rhan olaf y rhaglen, a'r tro hwn yn dechrau gyda dyfyniad o'r llyfr gan sôn am y feddyginiaeth. Bu yn yr ysbyty, a dywed: 'Nid oedd yr wythnosau a dreuliais yma yn rhan o'm profiadau. Ymlonyddu a wneuthum yma, cymryd cyffuriau, derbyn llythyrau ac ymwelwyr, fel pe bawn mewn ystafell aros a'm bod yn disgwyl am fynd i mewn i rywle i edrych am rywun, a'r rhywun hwnnw oedd fi fy hun.' Yna mewn cyfweliad gyda'r meddyg, digwyddodd hyn. Chwalwyd y mur oedd rhyngddynt, a llifodd ei theimladau allan er rhyddhad iddi hi ei hun. Dyma y mae Kate yn ei ddisgrifio ar dudalennau olaf *Tywyll Heno*. Dyma sesiwn o seicotherapi dwfn, a'r claf drwyddo yn ei ddarganfod ei hunan; ac fel y Mab Afradlon, yn dod ato'i hun; hynny yw yn cael mewnwelediad ('insight'). Dyma ffordd yr iachau.

Yn ystod y cyfweliad yn y stiwdio, dywedodd Kate mai felly y bu, ac i'r profiadau hyn chwarae rhan amlwg yn ei gweithiau, gan awgrymu na ellid dadansoddi ei gwaith llenyddol heb gydnabod ei bod yn ei greu er gwaethaf yr iselder llym a ddioddefai o dro i dro. Teg gofyn sut all hyn fod. A fedr awdur a ddioddefai'n gyson byliau o iselder ysbryd llym greu campweithiau o lenyddiaeth megis *Tywyll Heno*? Gellir enwi awduron a wnaeth hyn, megis Byron, William Blake, William Wordsworth, Shelley, Coleridge, Cowper. Ac atgoffa Derwyn Morris Jones ni yn *Y Pedair Tudalen* am esiampl drawiadol arall, J. B. Phillips, 'offeiriad a ysgrifennodd lyfrau lawer, ac aralleiriad o'r Testament Newydd a drysorwyd gan lu o Gristnogion, a ddioddefodd o iselder ysbryd am yn agos i bum mlynedd ar hugain, ac yntau yn adnabod ei hun yn llestr pridd brau'. I fwyafrif yr awduron hyn, mae eu *mood- swings* yn rhan hanfodol o'u gwaith. Mae fel petai eu hymdrech i drechu'r iselder yn esgor ar bŵer creadigol. Mae'n bwysig deall fod iselder llym hefyd yn newid canfyddiad yr unigolyn am natur a phobl eraill ac ystyr bywyd.

Trwy ei ffuglen, ac yn enwedig *Tywyll Heno*, mae Kate Roberts yn dysgu cymaint i ni am iselder ysbryd pan ddigwydd i Gristion sydd â ffydd gref debyg i Williams, Pantycelyn. Dengys fel y cyll ei ffydd a'i hyder, ac fel y gall pobl y capel fod mor amddifad o drugaredd a dealltwriaeth o'u dioddefaint. Pwysleisia'r angen am empathi dynol wrth gydnabod yr angen am driniaeth feddygol, gan gynnwys cyffuriau fel gwrth-iselyddion a hefyd seicotherapi dwfn. Fel llawer o'm cleifion y cefais y fraint o'u trin, yn anterth y storm collodd Kate ei ffydd, a'r adeg honno gweiddi ar eraill i'w chynnal trwy weddi a chymorth ymarferol a wnaeth. Pan oedd ymateb positif i'r driniaeth feddygol, seicolegol, daeth ei ffydd yn ôl iddi, fel i'r cleifion eraill.

Problem fawr bywyd yw unoli ein personoliaeth i wrthsefyll straen a 'stress' bywyd. Ffordd meddyginiaeth o wneud hyn yw trwy gyffuriau a dadansoddiad seicolegol dwfn, gan lusgo'r cymhlethion allan o'u cuddfannau yn y diymwybod i oleuni dydd, fel y dengys Kate. Ffordd crefydd yw 'caethiwo pob meddwl i ufudd-dod Crist' neu Dduw; unoli'r enaid â'r Creawdwr trwy ewyllysio gosod Duw ar orsedd ein bywyd; a medru dweud mewn gwirionedd, fel Thomas gynt, wrth Grist, 'Fy Arglwydd a'm Duw'. A dweud gyda'r Salmydd, 'Una fy nghalon i ofni Dy enw

(Salm 86:11). A gaf fi, fel meddyg a chrediniwr, ddweud fod yna le i'r ddau ddull, ac nad oes anghysondeb rhyngddynt.

Mae'r seiciatrydd o emynydd, Pantycelyn, yn crynhoi'r cyfan mewn geiriau godidog:

Rho fy nwydau fel cantorion,
oll i chwarae'u bysedd cun
ar y delyn sydd yn seinio
enw Iesu mawr ei hun.

# 'Tywyllwch yn fy nghuddio'

Fel iselder ysbryd, testun erchyll, testun na fyn neb ei drafod, yw hunanladdiad, am yr ofnwn y medr ddigwydd i un o'n teulu ni ein hunain (er gobeithio yn erbyn gobaith na ddigwydd byth). Ond heddiw, gorfodir cenedl gyfan i edrych yn syth ar y pwnc, wedi clywed i Gary Speed, rheolwr tîm pêl droed Cymru, farw'n sydyn iawn [ddydd Sul, Tachwedd 27, 2011] dan amgylchiadau sy'n awgrymu iddo'i ladd ei hun. Syfrdanwyd ei gyfeillion, a'r chwaraewyr a phawb a'i hadnabu gan iddynt ei weld yn iach a bywiog dros y dyddiau cynt; ac yn wir, fe'i gwelwyd ar y teledu brynhawn Sadwrn (ychydig oriau cyn ei farwolaeth) yn sôn am ddyfodol ei dim ifanc llwyddiannus.

Roedd yn ddyn ifanc 42 oed, yn ŵr priod gyda dau o fechgyn a'i haddolai, yn llwyddiannus yn ei waith, a chyda dyfodol disglair o'i flaen. Pam y drasiedi hon nawr? Ni allaf sôn am Gary Speed yn benodol, ond gwn bod dros bum mil yn eu lladd eu hunain yng ngwledydd Prydain bob blwyddyn, a bod nifer fawr iawn ohonynt yn ddynion ifainc. Wrth olrhain pam, rhaid cofio'i fod yn destun dyrys a chymhleth. Nid oes un eglurhad i unrhyw hunan laddiad na'r un rheswm cyffredinol dros bob un. Mae un awdur Sbaeneg a ymchwiliodd yn fanwl i'r ffenomena yn disgrifio un grŵp a eilw yn 'altruistic suicide' – gwir hunanladdiad, pan yw'r person wedi bwriadu cymryd ei fywyd ei hun am resymau arbennig, digonol yn ei dyb ei hun. Ond ar y llaw arall, gwelir cymhlethdod yr act wrth sylwi fod eraill, ar adegau arbennig yn eu bywyd, yn credu na allant farw byth. Iddynt hwy, nid oes dihangfa, a rhaid para yn uffern feddyliol y byd hwn. Dyma a eilw Kierkegaard yn 'glefyd hyd farwolaeth', a chawn y meddylfryd hwn mewn pobl sy'n dioddef o'r Syndrom Cotard, y bûm yn ymchwilio iddo am hanner canrif. A po fwyaf yr ymchwil, mwyaf y sylweddolaf mor gymhleth yw meddyliau dyn. Dyna a dystia'r Salmydd, gan ychwanegu fod meddyliau Duw yn uwch eto.

Mae'r weithred o hunanladdiad, yn enwedig pan yw'n sydyn heb unrhyw arwydd neu rybudd, yn peri sioc ac yn brawychu. Ond gall hyn ddigwydd. Mae un o bob chwech ohonom yn dioddef o iselder ysbryd llym, a rhan o'r symptomau'n aml yw'r syniad am ladd yr hunan. A gwyddom fod 90 y cant o'r personau sy'n eu lladd eu hunain yn dioddef o iseler ysbryd llym. Ond yn aml, ni ddywedant wrth neb – hyd yn oed eu meddyg – fod y fath syniad yn preswylio yn eu meddwl. Arferwn i ofyn i'm cleifion a oedd ganddynt syniadau felly'n corddi yn eu meddyliau, ac yna a oedd ganddynt gynllun arbennig. Ond hyd yn oed wedyn, gallai pobl gyflawni'r weithred yn sydyn heb i neb wybod. Mae'r fath gyflwr yn bod â 'smiling depression' – dyn yn ymddwyn fel pe na fyddai dim o'i le, ac eto'n meddwl, oblegid y cyffro o'i fewn, am ei ladd ei hunan – na all dim ond seicdreiddiad ei ganfod. Gall y meddyliau hyn godi'n sydyn o'r isymwybod a thanio dyn i'w ladd ei hun heb unrhyw rybudd.

Cawsom ein hatgoffa'n glir yn ystod y misoedd diweddaf nad yw statws y 'seleb', er ei holl enwogrwydd a'i gyfoeth, yn ei wneud yn rhydd oddi wrth ddioddef poen a thrychinebau fel iselder a hunanladdiad. Ddwy flynedd yn ôl [ar Dachwedd 10, 2009], bu i'r gôl-geidwad llwyddiannus, enwog, yr Almaenwr, Robert Enke, ei ladd ei hun; ac ychydig ddyddiau cyn marwolaeth Gary Speed, gwnaeth y cricedwr a'r newyddiadurwr craff, Peter Roebuck, yr un peth [ar Dachwedd 12, 2011]. Cofier i'r peldroediwr talentog, Stanley Collymore, orffen chwarae pêl droed oblegid iddo ddioddef oddi wrth iselder ysbryd llym, cronig. Gofynnodd ei reolwr iddo sut allai ddioddef oddi wrth iselder ysbryd ac yntau'n ennill £20,000 yr wythnos. Ond mae'r un mor hawdd – os nad yn haws – i'r bobl hyn gael eu niweidio ag ydyw i unrhyw un arall; ac mae angen i'n plant a'n pobl ifanc sydd am fod yn 'selebs' wybod hyn.

Hunanladdiad yw'r trawma mwyaf all ddigwydd i deulu neu gymdeithas. Gwn am y dioddef a ddaw wedi colli anwyliaid yn sydyn mewn damwain, a'r dioddef o golli plant bach. Ond gyda hunanladdiad, mae'r sioc hyd yn oed yn fwy a'r dioddef y tu hwnt i bob dioddef arall, gyda'r ymdeimlad yn y teulu o euogrwydd am eu bod wedi methu canfod ac achub yr anwylyd. Ac mor anodd yw gwaredu eu hunain o'r euogrwydd llethol hwnnw.

Felly, pan ddigwydd hyn, yr angen pennaf yw i'r teulu gael cymorth ac empathi. Uwchlaw popeth dan amgylchiadau trasig fel hyn, rhaid cofio am y bobl sydd ar ôl. Ni ddylid, fel y cawn yn aml ein temtio i wneud, gadw draw a mynd o'r tu arall heibio wrth eu cyfarfod. Rhaid aros gyda hwy; dangos empathi gwirioneddol tuag atynt; eu calonogi, a phwysleisio nad oes bai arnynt hwy. Dylid siarad â hwy, a rhannu eu galar a'u hannog i fyw bywyd llawn heb euogrwydd.

Byddai o help mawr pe byddai cymdeithas, sy'n ei galw ei hun yn wâr, yn tyfu i fyny, ac yn medru cael deialog ar gwestiynau mawr, cymhleth bywyd, megis hunanladdiad a meddyliau briwedig a'r ofnau sy'n ein parlysu. Mae hyn yn bwysig i bawb ohonom, canys fel yr atgoffa'r Salmydd ni, dyma'n ddiau fydd profiad pawb ohonom ar ryw adeg yn ein bywyd, ac ni wyddom pryd. 'Yn sicr bydd y tywyllwch yn fy nghuddio, a'r nos yn cau amdanaf'.

Ond bendigedig fyddo Enw'r Arglwydd, medrwn brofi profiad pellach y Salmydd a datgan: 'Eto nid yw tywyllwch yn dywyllwch i Ti; y mae'r nos yn goleuo fel dydd, a'r un yw tywyllwch a goleuni' (Salm 139:11–12).

'Myfi yw goleuni'r byd', medd yr Iesu, 'ni bydd neb sydd fy nghanlyn i byth yn rhodio yn y tywyllwch, ond bydd ganddo oleuni'r bywyd' (Ioan: 8:12,13).

Ac nid oes neb, beth bynnag ei gyflwr, y tu allan i gofleidiad y Ceidwad. Dyna'n hunig obaith.

# Gethsemane'r glowyr

'Pan oeddwn fachgen, yr oedd gweld fy nhad yn mynd i'r lofa yn debyg i weld yr haul yn machlud. Cas gennyf oedd meddwl amdano'n suddo i'r tywyllwch. Gwelais ofn creulon ar ei wyneb lawer gwaith ... Y mae'n sicr gennyf nad oedd pwll glo yn ei nefoedd ef. "A'r pwll glo nid oedd mwyach."' Dyma eiriau Pennar, a disgrifiant i'r dim f'atgofion innau wrth ddilyn drama pwll y Gleision o glywed am y ddamwain yno ddydd Iau, Medi 15, 2011. Teimlwn empathi â châr a cheraint y pedwar glöwr; teimlo amheuaeth a phryder y 48 awr gyntaf, a'r sioc a'r golled pan ddadlennwyd fod y timau achub i ddechrau wedi dod o hyd i gorff un o'r glowyr, ac yna'r tri arall.

Anaml y soniai fy nhad am ddigwyddiadau dan ddaear. Ond gwn iddo, un adeg, ddod allan o gwymp mawr ar y funud olaf. Ond ni ddihangodd oddi wrth effaith dwst y glo caled. Gwelais ei ddirywiad corfforol creulon: blynyddoedd o boen a blinder, yr anadlu'n mynd yn fwy o ymdrech o flwyddyn i flwyddyn, colli'r frwydr i fyw, a graddol ddisgyn i'w fedd – i gaddug a gosteg y pridd. Y dyn mwyn, cadarn yn ddim ond corff bychan y medrwn ei gario yn fy mreichiau; ei ysgyfaint yn solid a du fel y glo caled y bu'n ei fwyngloddio am flynyddoedd.

Felly, nid ffeithiau a ffigyrau moel, a stori gyffrous i'r newyddiadurwyr, oedd hynt glowyr Glofa'r Gleision. Wrth wylio a gwrando, gallwn i fy hun uniaethu â phrofiadau'r teuluoedd, y gwragedd, y mamau a'r tadau, y brodyr a'r chwiorydd a'r plant: cymysgedd o ansicrwydd a gobaith, unigrwydd a diddordeb byd-eang yn ystod y 48 awr gyntaf; yr amheuaeth lem wedi darganfod un corff ac yna'r ymdeimlad annisgrifiadwy o sioc o wybod y daethpwyd o hyd i gyrff y tri glöwr arall. Yr oeddent fel un yn gweithio yn y lofa; yn awr yr oeddent yn un yn eu marwolaeth – Phillip Hill, Charles Breslin, David Powell a Garry Jenkins.

Pwy all ddechrau mesur dioddefaint aelodau teuluoedd y pedwar? Heb os nac oni bai, teimlent golled fawr, galar a gofid, ofn a gwacter, dicter ac euogrwydd, amheuon a phetruster. Dyma yn wir eu Gethsemane hwy. A chlywyd eto'r gri, 'Ble mae Duw, y Duw Trugarog, Cariadus, Creawdwr a Chynhaliwr dynol ryw?' A'r ateb, 'Roedd Duw yng Nghrist yno yng nghanol y drasiedi; Immanuel, Duw gyda ni, oblegid dioddefodd ei Gethsemane ei hun' (Mathew 26:36 a Marc 14:32). Yn yr ardd, pan oedd

Ei ddisgyblion yn cysgu, wynebodd ing meddyliol ac ysbrydol, gofynnodd i'w Dad nefol i'r cwpan chwerw gael ei osod o'r neilltu, ond bodlonodd yfed y cwpan i'r gwaelod (Mathew 26:39 a 42). Dioddefodd y berw meddyliol a'r pryderon dychrynllyd, y gwacter brawychus a'r bygythiad allanol, ar ei ben ei hun. Roedd yr Iesu mor ddynol ag i ofyn i'r cwpan basio heibio, ond ychwanega'r un pryd, 'os yw'n bosibl'.

Ni addawodd Duw y byddem fel dynoliaeth yn rhydd o ddioddefaint, ac yn sicr nid yw Duw ei hun yn fodd i ni ddianc oddi wrth niwed dynol ac erchyllterau'r bywyd dynol. Yn y gorffennol, cawsom atebion rhy ffraeth i'r cwestiwn hwn – y cwestiwn caletaf y mae'r credadun yn ei wynebu. Rhaid pwysleisio nad dewin yw ein Duw ni, i'n gwaredu rhag pob poen a blinder ac i'n rhyddhau oddi wrth flinderau'r byd real. Rhaid wynebu ein trallod a'n hofnau, a pheidio â cheisio dianc. Ac wrth wynebu ein trallodau a'n dioddefiadau, deuwn, fel y dywed yr Apostol Paul, 'yn gyfranogion o'i ddioddefiadau Ef' (Philipiaid 3:10), a thrwy hynny awn ymlaen i gyfranogi o 'nerth yr atgyfodiad'. Try'r cwpan chwerw yn gwpan bendith. A dyma'r fuddugoliaeth: trwy dderbyn y cwpan yng Ngethsemane aeth ein Harglwydd ymlaen i'r groes a'r bedd, ond fe atgyfododd gan goncro angau a'r bedd. Wrth rannu yn ei ddioddefiadau a chredu ynddo, cawn ninnau'r fuddugoliaeth hefyd.

Ac y mae'n hen bryd i ni ddatgan yn hyf gerbron y byd ein cred yn yr Ymgnawdoliad a'r Atgyfodiad, fel yr anogodd y comediwr, Frank Skinner, yr Archesgob Rowan Williams mewn cyfweliad cyhoeddus yn Eglwys Gadeiriol Caergaint yr wythnos ddiwethaf. Gofynnodd Skinner, 'Pam ein bod yn para i amddiffyn ein cred o hyd ac o hyd yn hytrach na datgan yn nerthol ac yn glir y gwyrthiau anhraethol – megis yr Ymgnawdoliad a'r Atgyfodiad, y ffeithiau syfrdanol i Dduw yng Nghrist ddod i'n byd ac atgyfodi o'r bedd yn fuddugoliaethus?'

Pam yn wir? Yng nghanol pob trallod mae'r Iesu atgyfodedig yn bresennol, fel yr addawodd, ac am hynny yr ydym yn fwy na choncwerwyr (Rhufeiniaid 8:37). Boed y profiad hwn yn eiddo 'nawr i alarwyr glowyr Cwmtawe a Swydd Efrog, a phob un ohonom ni.

'Ond buddugoliaeth Calfarî
enillodd fwy yn ôl i mi.'

# Chile 10/10: O'r Tywyllwch i'r Goleuni

'Gwyrth San José', gwaeddai penawdau papurau'r byd. Wedi cwymp y creigiau yn y pwll yn anialwch Atacama, roedd 33 o fwynwyr yn garcharorion mewn cell 2,000 o droedfeddi dan y ddaear. Buont ar goll am 17 o ddyddiau cyn i neb wybod dim am eu hynt. Roedd pobl yn meddwl eu bod wedi eu lladd. Roedd y mwynwyr eu hunain yn meddwl mai dyma'r diwedd, a'u bod yn wynebu marwolaeth. Dyna oedd y cyfnod mwyaf pryderus ac anobeithiol iddynt; ac i'w oroesi, roedd arnynt angen gwroldeb anghyffredin. (Byddai arnynt angen gwroldeb mawr yn ddiweddarach hefyd, gydol y ddeufis a dreuliasant yng nghrombil y ddaear, yn byw mewn dwy ystafell fach a chysgu mewn corridor rhyngddynt. A byddai angen gwroldeb hefyd i wynebu'r siwrnai i'r lan yn y capsiwl, Ffenics 2.) Ar ôl iddynt gael eu canfod, roedd ganddynt fwy o obaith i gael eu rhyddhau, er pob rhwystr a wynebai eu hachubwyr.

Beth fu'n cynnal y dynion hyn, ac yn enwedig y mwynwyr ifanc yn eu plith, yn wyneb eu pryderon trwy dywyllwch yr 17 niwrnod, ac yn arbennig cyn i wawr gobaith dorri? Yr ateb yw arweinyddiaeth sicr, yn enwedig felly oddi wrth y mwynwr awdurdodol a phrofiadol, Luis Urzua. Dyma'r olaf o'r mwynwyr i esgyn i'r ddaear, ac ef a ddywedodd wrth arlywydd ei wlad na ddylai'r fath ddamwain byth ddigwydd eto. Pwysleisiodd yr angen am ddisgyblaeth lem. Erbyn hyn, gwyddom fod ychydig fwyd a diod y dynion, fel eu gobaith, yn gyflym ddiflannu yn ystod yr 17 niwrnod cyntaf. Rhoddwyd ychydig bach o diwna a llaeth ddwywaith y dydd i bob un ohonynt. Rhannwyd y dynion yn dri grŵp, gyda thair sifft wahanol yn gweithio o fewn cyfnod o bedair awr ar hugain. A rhoddwyd gwaith arbennig i bob un o'r dynion, i'w cadw'n brysur ac yn gorfforol iach.

O'r cychwyn, fe wnaethant hefyd ddewis porthi eu hanghenion ysbrydol. Gweddïent gyda'i gilydd ddwywaith y dydd dan arweiniad eu 'bugail', José Henriquez. Ar ôl iddynt gael eu canfod a chael cyswllt â'r bobl uwchben y pwll, ymhlith y pethau y gofynnodd y dynion amdanynt oedd Beiblau. Yn nhywyllwch y gell danddaearol, ac o flaen camerâu'r byd wedi iddynt gael eu rhyddhau, roedd eu geiriau a'u hymddygiad yn tystio i'w ffydd yn Nuw ac i'w diolchgarwch iddo Ef am iddo'u 'haileni' o grombil y ddaear. 'Diolch i Dduw, deuthum yn ôl i fywyd', sibrydodd

Mario Gomez ar ei liniau, wedi iddo ef, y nawfed dyn i gael ei waredu, ddod i'r awyr iach ac i ryddid ar derfyn y cyfnod hwyaf i neb gael ei garcharu dan ddaear a goroesi. Sylwodd y byd mai'r weithred gyntaf a wnaeth nifer helaeth o'r mwynwyr wrth gael eu rhyddhau oedd penlinio mewn gweddi, â'u crysau-T yn datgan y geiriau, 'Diolch i Dduw'.

Dywedodd Mario Sepulveda, 40 oed, 'Roeddwn gyda Duw a'r Diafol. Ymleddais rhwng y ddau. Gafaelais yn llaw Duw.'

Trwy weddill eu carchariad yn y gell danddaearol, daliodd eu hundeb a'u disgyblaeth a'u ffydd i'w cynnal. Ac yn ychwanegol, cawsant sail newydd i'w gobaith wrth iddynt sylweddoli fod y byd uwchben yn gwybod am eu tynged ac yn ceisio, ym mhob ffordd bosibl, eu rhyddhau. Dyma wers i bawb ohonom, bod cymorth a chydymdeimlad yn fodd nerthol o gynnal pobl wyneb yn wyneb â thrallod mawr.

Wedi i'r 33 mwynwr a'r chwe achubwr gael eu codi o'r pwll, gallodd pawb orfoleddu mewn gwirionedd: y mwynwyr eu hunain, a'u teuluoedd yng Ngwersyll Gobaith; pobl Chile, ac yn wir bob mwynwr a'i deulu dros y byd i gyd; a'r miliynau a wyliodd y ddrama drasig a orffennodd mor llwyddiannus.

Gwyddom erbyn hyn bod y mwynwyr yn gadael yr ysbyty ac yn dychwelyd i'w cartrefi i geisio dechrau byw bywyd fel o'r blaen. Ond anodd iawn fydd dychwelyd i fywyd pob dydd. Er bod eu hiechyd corfforol yn rhyfedd o dda, mae iechyd meddyliol llawer ohonynt eisoes yn fregus. Diau fod rhai ohonynt yn dioddef o ddiffyg cwsg a hunllefau ac ôl-fflachiau. Cynyddu a wna'r rhain gydag amser nes cyrraedd Anhwylder Straen Wedi Trawma (Post Traumatic Stress Disorder [P.T.S.D.]) cyflawn. A bydd angen triniaeth seicolegol cymwys i'w helpu i wella.

Bydd rhaid iddynt yn arbennig wynebu disgleirdeb ('glare') haul naturiol, a bywyd bob dydd a'i dreialon. Yr un pryd hefyd, bydd rhaid i'r dynion hyn wynebu disgleirdeb y cyfryngau byd-eang. Caiff eu hundod cadarn, a fu'n ffactor pwysig iawn yn eu llwyddiant i oroesi eu tynged, ei fygwth. Maent i gyd yn 'selebs', ond caiff rhai ohonynt fwy o lawer o sylw nag eraill. Ymysg y rhai y bydd galw mawr amdanynt o du'r cyfryngau y mae Victor Segovia, eu dyddiadurwr; Victor Zamora, eu bardd; José Henriques, eu 'bugail ysbrydol'; ac yn arbennig, Luis Urzua, eu harweinydd awdurdodol, a greodd yr undeb a fu rhyngddynt a'r ddisgyblaeth lem a wnaeth yn ddiau eu hachub, yn enwedig yn ystod yr 17 niwrnod cyntaf pan nad oedd ganddynt obaith o gael eu rhyddhau a phan oeddent yn wynebu'r diwedd mewn cell yn nyfnder y ddaear.

Ond llwyddasant i oroesi'r gladdfa hwyaf yn hanes dynolryw. Gadawsant y tywyllwch, a dychwelyd i olau dydd ac i wyneb y ddaear. Ac wrth ddychwelyd, roeddent yn datgan eu diolch yn glir mewn gair a gweithred, gan gydnabod mai i Dduw yr oedd y diolch, gan ei fod Ef unwaith eto wedi profi i'w blant ei fod yn cadw ei addewidion, megis: 'Ni'th adawaf fyth, ac ni chefnaf arnat ... fy eiddo i ydwyt ... nid ei byth i ddistryw, ac ni chaiff neb dy gipio allan o'm llaw i' (seiliedig ar Deuteronomium 31:6 ac Ioan 10:28).

(Cyflwynir yr erthygl hon er cof a pharch i lowyr Cymru ac yn enwedig yr Emlyn, a'm tad annwyl Tommy, a oroesodd gwymp mawr, ond a anafwyd yn angheuol yn 44 oed gan y llwch, a marw yn 59 oed.)

# DRAMÂU

## Jamie's Italian a'r Tabernacl

Canol, ac yn wir galon y brifddinas yng Nghaerdydd, yw'r Ais. Dyma heol lydan â siopau a bwytai enwog y naill ochr a'r llall iddi. Yn eu canol ar y naill ochr saif 'Jamie's Italian', tŷ bwyta'r cogydd enwog, fel teml crefydd fodern y diwylliant prynu ('consumerism'). A gyferbyn ag ef, saif y Tabernacl, un o hen demlau'r Duw byw. Mae'r olygfa hon yn ddameg o'r dynfa rhwng dyn a Duw; rhwng materoliaeth a'r ysbrydol.

Bu brwydr ffyrnig rhwng y ddwy 'grefydd' eisoes yn sgil y datblygiadau diweddar yn yr Ais, a gorfu i bobl y Tabernacl ymladd yn frwd i gadw'r llwybr yn agored at Dŷ'r Arglwydd. Mae'r frwydr yn parhau rhwng y byd a'r Deml. Felly y bu erioed, yn hanes yr Israeliaid a'r cenhedloedd wedi hynny.

Wrth gerdded i lawr yr Ais ganol Rhagfyr, gwelais giw y tu allan i fwyty Eidalaidd Jamie Oliver. Dywedwyd wrthyf fod ciw wastad tu allan i'r tŷ bwyta, hyd yn oed pan yw'n glawio. Dyma i chi ddilynwyr ffyddlon: dynion a menywod sy'n hoffi bwyd safonol. Gyda syndod, gwelais fod yna giw y tu allan i'r Tabernacl hefyd. Ac wrth nesu ato, gwelais ddynion a menywod wedi eu gwisgo yn nillad y Dwyrain. Yn eu plith oedd y Brenin Herod, y Tri Gŵr Doeth a thrigolion Palestina, a hefyd gamel pyped maint llawn. Yn sicr, roedd yno bobl llawn brwdfrydedd yn rhoi pamffledi i'r siopwyr a gerddai heibio. Eu bwriad oedd hysbysebu'r perfformiad dramatig o Stori'r Nadolig oedd i'w gael yn festri'r Tabernacl trwy'r dydd, a hynny dros ddeunaw diwrnod. Roedd pob perfformiad yn ugain munud o hyd, ac un o bob pedwar ohonynt yn Gymraeg. Pwysleisiwyd yn glir fod croeso cynnes – a chwpaned o de – i bawb. Trowyd y festri'n theatr fach, gyda llwyfan eang ar gyfer y perfformiad. Portreadwyd Mair a Joseff a llawer o'r cymeriadau eraill gan actorion, a'r angel Gabriel a'r bugeiliaid gan bypedau.

Gweledigaeth un wraig oedd y cyfan a esgorodd ar y prosiect, a phobl o wahanol eglwysi'r ddinas oedd yn cymryd rhan. Cyflwynwyd stori dyfodiad Crist i'n byd yn glir ac yn syml; ac roedd y perfformiadau'n nerthol iawn. Rhoddwyd hanes cam cyntaf Duw i achub dynolryw yn glir o flaen ac ym meddyliau pob un a aeth i mewn i theatr fach y Tabernacl. Dyma esiampl lachar o ddwyn yr Efengyl – hanes ffordd iachawdwriaeth – i fyd colledig. Roedd yn enghraifft loyw o gydweithrediad hapus rhwng eglwysi'r brifddinas, ac yn dangos i'r byd y brawdgarwch a'r undod sydd rhyngddynt. Dyma dystiolaeth am Dduw yn anfon ei unig-anedig Fab i'n byd yn Iachawdwr dynolryw (seiliedig ar Ioan 17:21).

Gwelwyd parodrwydd gweinidog, diaconiaid ac aelodau'r Tabernacl i roi benthyg yr adeilad i fenter oedd yn ceisio trosglwyddo neges fyw'r Efengyl i'r byd y tu allan, gan gydweithio ag eglwysi eraill o blith enwadau gwahanol. Ond ni ryfeddaf at yr haelioni hwn, oblegid gwn o brofiad personol fod y fath haelioni a chroeso'n nodweddiadol o eglwys y Tabernacl. Cefais y fraint o wasanaethu yn y Tabernacl hwn yn aml dros y blynyddoedd diwethaf, ac ar un adeg cynhaliwyd y gwasanaeth yn y festri oherwydd effaith y mwg o'r tân a fu yn y capel. Ni chafodd yr achos hi'n hawdd yn ystod y cyfnod hwn. Ond ar bob achlysur, profais werthfawrogiad y bobl o bregethiad yr Efengyl, a'u cariad at y Gwaredwr a'u hymateb grasol.

Nid rhyfedd, felly, bod esiampl arall cyfoes o'r haelioni hwn i'w gael. Y Tabernacl yw canolfan Bugeiliaid y Stryd Caerdydd ('Cardiff Street Pastors'). Lleygwyr o blith gwahanol eglwysi'r ddinas yw'r rhain eto, sydd wedi derbyn hyfforddiant priodol i fynd allan i strydoedd canol Caerdydd ar nos Wener a nos Sadwrn i helpu merched a dynion ifanc sydd mewn trafferth, dan ddylanwad cyffuriau neu alcohol, ac yn methu helpu eu hunain. Yn aml, maent yn droednoeth, a bydd y 'bugeiliaid' yn rhoi fflip-fflops iddynt. Mewn blwyddyn, dosbarthwyd oddeutu 2,000 o barau o fflip-fflops a miloedd o boteli dŵr. Ar rai adegau, rhaid helpu'r trueiniaid i fynd adre'n ddiogel. Nid trwy eiriau y mae'r bugeiliaid yn pregethu, ond trwy helpu'r bobl hyn ganol nos yng Nghaerdydd. Ac yn nos eu bywyd hwy, deuant ag ysbryd y Crist byw i ganol Sodom a Gomorra o sefyllfa yng Nghaerdydd. Canys ofnaf mai dyna yw cyflwr pethau wedi naw o'r gloch yng nghanol y Brifddinas. Mae llawer o bobl yn ofni mynd yn agos i'r lle, a'r clybiau'n gwneud elw rhyfeddol. Dywedodd ffotograffydd un o'r papurau Prydeinig a ymwelodd ag ugain o drefi mawr Ewrop mai dyma'r ddinas fwyaf dychrynllyd ohonynt i gyd.

Pan gychwynnodd Bugeiliaid y Stryd, nid oedd yr heddlu'n eu croesawu nac yn rhy hapus o'u gweld. Ofnent y byddent yn faich ychwanegol iddynt hwy. Erbyn hyn, derbyniant hwy â breichiau agored, gan bwysleisio eu bod yn rhan o'r tîm sy'n ceisio dod â heddwch i ganol dryswch a thrais mawr canol y Brifddinas ar y penwythnos. Dyn ifanc o'r enw Gary Smith, sy'n aelod yn y City Temple, yw'r cyfarwyddwr, a daw'r 'bugeiliaid' o blith amrywiol eglwysi'r ddinas.

Dyma esiampl arall o Gristnogion yn dangos empathi â'u cyd-ddynion mewn angen. 'Yn gymaint ag ichwi ei wneud i un o'r lleiaf o'r rhain, fy nghymrodyr, i mi y gwnaethoch' (Matthew 25:40). Am ei fod mewn lle strategol, mae'r Tabernacl yng nghanol y cyfan eto, a'r bugail a'r praidd yn hyrwyddo'r fenter.

Cofier i'r Gair ddweud hefyd, 'Yn gymaint ag y rhoddasoch yn enw Crist gwpaned o ddŵr oer i rywun sydd ei angen, fe'ch gwobrwyir chwi' (seiliedig ar Marc 9:41). Mae'r dŵr sy'n tarddu o'r Tabernacl i bobl ifanc dan ddylanwad cyffuriau ac alcohol yn oriau mân y bore yn fil gwaith mwy gwerthfawr na bwyd cyfoethog 'Jamie's Italian'. Yn wir, bwyd dros dro a rydd Jamie, tra bod y Tabernacl yn rhoi'r bwyd o'r nef a bery byth.

# Lady Gaga a Dyfodiad y Brenin

*Seiliedig ar bregeth a ddarlledwyd yn Oedfa Sul y Blodau 2011 ar Radio Cymru. (Cyhoeddir gyda chaniatâd Radio Cymru.)*

'Bendigedig yw'r un sy'n dod yn enw'r Arglwydd' (Mathew 21: 9).

Dyma ddechrau diwedd drama'r dioddefaint. Gwyddai'r Iesu fod y diwedd a'r Groes yn agos, ond gosododd ei fryd ar fynd i Jerwsalem. Ni allai dim na neb ei gadw draw, am y gwyddai fod ei awr wedi dod, a bod rhaid iddo'i amlygu ei hun fel y Meseia, y Brenin y disgwyliai cenedl Israel amdano. Mae 'Dyfodiad y Brenin i'w Ddinas a'i deml' yn un o olygfeydd mwyaf yr Ysgrythur, a gallai fod yn uchafbwynt opera neu ddrama fawr.

Ceir yma syndod a pharadocs annisgwyl. Ni ddaw ar geffyl rhyfel, mewn gallu a nerth mawr ac yn ôl disgwyliad yr Israeliaid, ond ar ebol asen, yn ostyngedig a gwylaidd, fel y daethai yn Faban Mair. Rhyfeddodd y genedl, er i'r proffwyd Sechareia ragddweud y deuai felly. Daeth fel Brenin tlawd, fel gwas. Ac meddai amdano'i hun: 'Wele yr wyf yn eich plith fel un yn gwasanaethu'. Mae'r datganiad hwn yn troi dealltwriaeth ein byd o frenhiniaeth ac arweinyddiaeth wyneb i waered. Roedd yr arweinydd hwn yn fodlon gwasanaethu eraill, gan wrthod agwedd y byd o allu, safle, balchder, pwysigrwydd a mawredd.

Dangosodd ostyngeiddrwydd mawr wrth gymryd tywel i olchi traed y disgyblion. Mae'n esiampl i bawb sydd am fod yn arweinydd, gan symud o fod yn arweinydd hunanol, trech i un sy'n barod i wasanaethu. Cymaint o was oedd Iesu nes i rai dybio nad oedd yn ddim ond gwas! Ond wrth deithio i Jerwsalem, daeth yr awr iddo'i amlygu ei hun yn Frenin.

Cawsom awgrym o hyn yn gynharach yn ei fywyd. Yn ei fabandod dywedwyd: 'eithr hwn a anwyd yn frenin'. Mae acenion brenin yn ei leferydd: 'Ni lefarodd neb fel y dyn hwn'. Mae acenion brenin yn ei wyrthiau iachusol: 'Ha fab, maddeuwyd i ti dy bechodau', meddai wrth un; ac wrth un arall, 'Cyfod i fyny dy wely a rhodia'. Mae acenion brenin yn ei wyrth gyntaf wrth iddo droi'r dŵr yn win. Mae acenion brenin yn y weithred o dawelu'r storm ar y môr, pan dawelodd hefyd ofnau'r disgyblion.

Ger ei fron, mae'r cythreuliaid yn crynu a ffigysbren yn gwywo, a phlant bach a phechaduriaid mawr yn neidio i'w gôl. Chware teg i'r disgyblion, maent ar adegau'n gweld ac yn datgan mawredd y Crist. Y penllanw yw Cesarea Philipi pan ddatganodd Pedr: 'Ti yw y Crist, Mab y Duw byw'; ond mae'r Iesu bob tro yn eu gwahardd rhag dweud wrth eraill am yr hyn a welsant, am na ddaeth yr awr eto iddo'i amlygu ei hun i'r byd fel Brenin a Mab Duw. Ond yn awr, yn hollol wrthgyferbyniol i'r agwedd hon, mae Iesu ei hun yn dewis dod i Jerwsalem ar Ŵyl y Pasg i ddatgan mai ef yw'r Meseia; ac yn yr olygfa hon, felly, gwelir Dyfodiad y Brenin i'w ddinas.

## Dilyniad Dyfodiad y Brenin

A phan ddaeth, 'cynhyrfwyd y ddinas drwyddi'. Nid yw hynny'n syndod, gan mai dyna oedd bwriad Iesu. Deuai fel Brenin i'w ddinas ei hun, ac i'r Deml, Tŷ ei Dad. Taenodd 'tyrfa fawr iawn' eu mentyll, a changhennau a dorrwyd o'r coed, yn garped o'i flaen. Roedd poblogaeth Jerwsalem wedi chwyddo'n fawr gan yr ymwelwyr oedd yn yr Ŵyl. Ond wrth i rai ofyn, 'Pwy yw Hwn?' gweiddai'r pererinion a'i dilynai mai proffwyd yw. Mae'r tyrfaoedd yn gweiddi 'Hosanna i Fab Dafydd! Bendigedig yw'r un sy'n dod yn enw'r Arglwydd. Hosanna yn y goruchaf' wrth ei gyfarch yn Frenin. Yn ddiweddar, cefais innau hefyd flasu ymateb fel hwn wrth gerdded allan o westy crand ym Mae Caerdydd. Roedd cannoedd o bobl yn fy nghyfarch gan weiddi a chwifio baneri. Teimlais ias trwof. Trois i edrych tros f'ysgwydd, a gweld Lady Gagga'n cerdded wrth fy ochr bron. Es i mewn i'm tacsi ar fy mhen fy hun! Ac aeth Lady Gagga a'i entourage i'w cerbyd mawr moethus, â'r dyrfa'n para i weiddi a chlodfori.

Gorfoleddu a chlodfori a wnâi'r dorf yn Jerwsalem ar Sul y Blodau, ond tybed sut ymateb a fyddai i ddyfodiad yr Iesu heddiw? Ceisiodd y bardd Studdard Kennedy, a alwyd yn 'Woodbine Willie', caplan enwog yn y fyddin yn ystod y Rhyfel Byd Cyntaf, ddychmygu sut ymateb a fyddai ym Mirmingham ei ddydd ef:

> When Jesus came to Birmingham
> They simply passed him by,
> They never hurt a hair of him,
> They only let Him die.

Difaterwch, esgeulustod, cefnu, anghrediniaeth. A dyna ar y cyfan yw ymateb Cymru heddiw hefyd.

Ond cofier, os yw fflam y Ffydd yn llosgi'n isel yng Nghymru heddiw mae dau biliwn o Gristnogion yn y byd, a'r nifer hwnnw'n cynyddu, yn enwedig mewn llefydd fel Affrica, Brasil a Chorea.

Ar draws y byd, mae'r Arglwydd Iesu'n dal i reoli yng nghalonnau dynion. Ond beth y mae hynny'n ei olygu i ni?

Yn rhyfedd iawn, yn Efengyl Mathew, wedi hanes Iesu'n marchogaeth i'r ddinas ceir yr hanes amdano'n glanhau'r deml. I ddechrau, felly, mae'n rheoli'r tyrfaoedd ar strydoedd Jerwsalem, ac yna'n rheoli yn y Deml. Mae'n ddig iawn o weld tŷ ei Dad yn cael ei ecsbloetio a'i droi 'yn ogof lladron'. Mae ei ymateb mor real a pherthnasol i ni heddiw. 'Bwriodd allan bawb oedd yn prynu a gwerthu, taflodd i lawr fyrddau'r cyfnewidwyr arian.' Roedd angen, ac mae angen o hyd, i'r Arglwydd Iesu lanhau ei Eglwys.

Glanha dy Eglwys Iesu mawr,
ei grym yw bod yn lân.

Mae angen glanhau'r cam-drin rhywiol ar blant; mae angen glanhau'r rhagrith; mae angen glanhau'r bancwyr sy'n rhoi iddynt eu hunain fonws o filiwn tra bod gweithwyr tlawd yn wynebu toriadau mawr, sy'n beth hollol anfoesol, ac yn beryglus o annheg; ac mae angen glanhau'r llysoedd nad ydynt mwyach yn dymuno derbyn Cristnogaeth fel sail i'w deddfau.

A'r un pryd, yn y Deml mae'r Arglwydd Iesu'n iachau'r cleifion a chymryd plant bach i'w gôl, gan ddarlunio drachefn y ddeuoliaeth hollbwysig yn ei gymeriad, sef y tynerwch a'r cryfder. Mae elfen o wirionedd ym mhortread Charles Wesley ohono: 'Gentle Jesus meek and mild'. Ond o weld ei ymddygiad yn yr hanes hwn, gwelwn fod mwy o wirionedd ym mhortread Tennyson: 'Strong Son of God, Immortal Love'. Anfarwol Gariad, Cryf Fab Duw. Nid â Christ gwan yr ydym yn ymgodymu; Crist nerthol yw gwron Calfaria. Mae'n gryfach na straen bywyd sy'n ein dinistrio; yn gryfach na'r pechod sy'n ein difetha; ac yn gryfach nag angau, y gelyn olaf ei hun.

Ac felly, angen pennaf pob dyn byw yw cyfarfod ac adnabod y Crist hwn. 'Canys nid oes enw arall, dan y nef, wedi ei roddi ymysg dynion, trwy'r hwn y mae yn rhaid i ni fod yn gadwedig'. Os ydym i lwyddo i wynebu'r ideolegau mawr sy'n troedio ein byd cul fel Colossus, rhaid i ni wrth ideoleg fwy. Ac y mae gennym ideoleg felly!

Ond, bendigedig fyddo'i enw, mae gennym ni Gristnogion gymaint mwy nag unrhyw ffydd arall, sef Arglwydd Byw i'w garu ac i'n caru ni am byth. Dyma yw Cristnogaeth: cyfarfod a chael perthynas hanfodol â'r Iesu byw; ein bywyd wedi ymblethu ag Ef, nes y dywedwn gyda Paul, 'Nid myfi, ond Crist sy'n byw yno fi'. Mae Crist yn Arglwydd ar bob rhan o'n bywyd. A dyna hefyd angen ein dydd. Nid Cristnogion rhan amser, *wishy-washy*, ond Cristnogion sydd ar dân dros eu Harglwydd. Does dim lle i gyfaddawd llac nac encil llwfr.

Fel yr ysgrifennodd Dr John Mackay o Princetown: 'Mae'r Cristion a lanwyd â'r Ysbryd Glân yn gymar prynedigol i'r dilynwr gwleidyddol penboeth. Mae'r bobl â thân yr Ysbryd o'u mewn yn gyfartal â'r atom briwedig a ryddhaodd y pŵer cosmig.'

Dyna'r sialens felly i bob un sy'n ei alw'i hun yn Gristion. A ydych, fel y bobl ar Sul y Blodau, ar dân dros eich Arglwydd? A yw ef yn Frenin ar bob rhan o'ch bywyd? Efallai fod rhai ohonoch yn cydnabod i chi golli eich cariad cyntaf. Afradloniaid annwyl, dewch nôl. Mae eich eisiau yn y frwydr ffyrnig am feddyliau a chalonnau ein pobl heddiw. Efallai fod rhai ohonoch heb erioed gyfarfod â Duw yng Nghrist. Gallaf eich sicrhau y gallwch ei gyfarfod lle'r ydych, am fod 'Duw yn llond pob lle, yn bresennol ym mhob man; y nesaf yw efe o bawb at enaid gwan'. Nid oes raid wrth bab nac archesgob, na gweinidog nac offeiriad, na gradd na chyfoeth. Dewch fel yr ydych. Dewch yn eich blinder, eich colled, eich euogrwydd. Dewch yn eich llwyddiant a'ch hapusrwydd. Nid oes neb y tu allan i gofleidiad yr Iesu: 'Ceidwad i'r colledig, meddyg i'r gwywedig rai'.

Fel meddyg sydd wedi arbenigo mewn Seiciatreg am dros hanner can mlynedd, ac a fu'n trin Cymry o bob cwr o'r wlad, cytunaf â Jung, pan ddywed yn ei lyfr, *Modern Man In Search Of A Soul*, na fu i neb gael llwyr iachâd heb gynnau neu ailgynnau ei ffydd yn Nuw. Thomas, a elwid Didymus, yw'r disgybl mwyaf modern o'r deuddeg, gan ei fod yn adlewyrchu agwedd amheugar ein hoes. Ni chafodd ei argyhoeddi gan adroddiad y lleill am ffaith ogoneddus yr Atgyfodiad. Dim ond wedi iddo ddod wyneb yn wyneb â'r Crist byw ei hun, a gosod ei ddwylo yn ôl yr hoelion, y cymhellwyd ef i fynd ar ei liniau a dweud, 'Fy Arglwydd a'm Duw'.

O! am i bawb ohonom ddweud gyda Thomas, 'Fy Arglwydd a'm Duw'. A dweud gyda Gair Duw: 'Mai eiddo Ef yw y deyrnas; a bydd y llywodraeth ar Ei ysgwydd Ef'. A chanu geiriau bendigedig y Meseia: 'Ac Ef fydd ben byth bythoedd. Teyrn pob teyrn a Iôr pob Iôr, Halelwia.'

# Gwirionedd Lerpwl 2012

Gwawriodd gwybodaeth a gwirionedd yn Lerpwl ar Fedi 12, 2012 pan gafwyd datganiad Panel Annibynnol Hillsborough y bu Esgob Lerpwl, James Jones, yn gadeirydd iddo. Dyma oedd canlyniad eu hymchwiliadau dros ddwy flynedd a hanner i'r digwyddiadau'n ymwneud â'r trasiedi ym maes pêl droed Hillsborough pan laddwyd 96 o ganlynwyr tîm Lerpwl ddydd Sadwrn, Ebrill 15, 1989.

Cefais i'r fraint fawr o wasanaethu pobl Lerpwl am bron i 20 mlynedd fel Prif Seiciatrydd yn Ysbyty Brenhinol Prifysgol Lerpwl. Deuthum i'w 'nabod fel pobl fywiog, llawn hiwmor, agos-atoch a chreadigol, fel y gwelir mewn llu o lenorion megis Bleasdale a Bainbridge, cerddorion fel y Beatles chwedlonol a cherddorfa fyd enwog y *Philharmonic* dan arweinyddiaeth Syr Charles Groves, a chomediwyr fel Ken Dodd (y bûm i'n *stand-in* iddo unwaith!) Byddwn yn cyfarfod â phobl Lerpwl yn yr ysbyty ac yn eu cartrefi. Wrth ymweld â'r cartrefi, roedd rhaid cario dau fathodyn ar label fy nghot - un coch ac un glas - am na wyddwn ai Everton (y glas) neu Lerpwl (y coch) oedd y teulu yr oeddwn yn ymweld ag ef yn ei gefnogi, a'r gystadleuaeth rhwng y ddau mor frwd. Ond fe gofiwn i bobl y ddinas ddangos undod arbennig wedi'r trasiedi yn Hillsborough, ac ar hyd y frwydr hir i gael cyfiawnder wedi hynny.

Mewn gwirionedd, gwelais ddinas gyfan yn un yn ei galar, a'r galar hwnnw'n ddwfn a pharhaol am bron i chwarter canrif. Pwysleisiwyd fod llawer o'r bobl a gollodd eu bywydau'r prynhawn heulog hwnnw yn fechgyn a merched ifainc. Pwy fyddai wedi gallu dychmygu y byddent yn mynd i fwynhau gêm ffwtbol ar brynhawn braf ac yn dychwelyd i'w cartrefi'n farw?

A gwaethygwyd dioddefaint y ddinas, ac yn enwedig dioddefaint teuluoedd y rhai a fu farw – mamau a thadau, brodyr a chwiorydd, mam-gu a thad-cu, ffrindiau a chydnabod – oherwydd y celwydd noeth a ddyfeisiodd yr awdurdodau, ac yn enwedig yr heddlu a'r gwasanaeth ambiwlans, trwy gyhuddo'r marw o achosi eu marwolaeth eu hunain. A'r un pryd, cuddiwyd y ffaith mai'r heddlu oedd ar fai, ac na wnaeth y gwasanaeth ambiwlans y cyfan y gallasai fod wedi ei wneud i achub bywydau, er bod unigolion wedi ceisio helpu y tu hwnt i'r disgwyl a thu hwnt i'w gallu. Trafododd

Golygydd *Y Pedair Tudalen* yr agwedd hon ar drasiedi Hillsborough yn dreiddgar iawn a chyda thegwch graslon (yn rhifyn Medi 21, 2012).

Mor anodd oedd i'r teuluoedd ac i bobl Lerpwl ddioddef y gwawd a'r euogrwydd a ddeilliodd o'r cyhuddiadau ffals. Ac ychwanegwyd at y dioddef hwn gan eiriau creulon papur newydd y *Sun*, wrth i'w Olygydd, Kelvin MacKenzie, ddatgan mai'r meirw eu hunain oedd ar fai a bod cefnogwyr Lerpwl wedi piso dros y trueiniaid. Er bod llawer o bobl, dros lawer o flynyddoedd, ar y teledu ac mewn papurau newydd, wedi gofyn i Mckenzie ymddiheuro, methodd â gwneud hynny nes bod chwarter canrif bron wedi mynd heibio. Methodd yr heddlu a'r awdurdodau ambiwlans hefyd gyfaddef y gwir.

Gwaethygwyd y sefyllfa ymhellach gan i'r Crwner ddatgan yn y Cwest gwreiddiol fod pob un wedi marw erbyn 3.15 o'r gloch y prynhawn hwnnw, er bod rhai o'r mamau'n gwybod fod eu plant yn anadlu ymhell wedi'r amser hwnnw, ac y byddent wedi cael eu hachub pe byddai'r parafeddygon oedd y tu allan i'r stadiwm wedi cael cyfle i fynd atynt.

Bu Mrs Anne Williams, mam un bachgen 14 oed, yn huawdl iawn yn datgan fod ganddi brawf fod ei mab yn fyw ar ôl 3.15 o'r gloch, a'i fod wedi bod yn galw amdani wrth ei henw. Gwaethygwyd dioddefaint y teuluoedd galarus ymhellach am fod llywodraethau a barnwyr yr Uchel Lys wedi pallu cynnal adolygiad newydd o'r dystiolaeth am y trasiedi hyd 'nawr.

Dechreuwyd yr adolygiad presennol gan Andy Burnham pan oedd yn Ysgrifennydd Gwladol dros Ddiwylliant, y Cyfryngau a Chwaraeon yn y Llywodraeth Lafur ddiwethaf, a chytunodd David Cameron i'r adolygiad fynd yn ei flaen. Bu'r panel yn gwneud ei waith am dros ddwy flynedd, ac yr oedd yn adolygiad unigryw mewn sawl ffordd. Yn un peth, bu'r panel yn siarad ag aelodau'r teuluoedd, ynghyd â phawb arall a fynnai gyflwyno tystiolaeth; a bu hefyd yn crynhoi pob erthygl ac ysgrif am y trasiedi, o bob man ac oddi wrth bawb. Trwy hyn oll, felly, daethpwyd o hyd i'r gwirionedd, a deallwyd fod pobl Lerpwl wedi bod yn hollol gywir o'r cychwyn cyntaf. Nid oedd bai o gwbl ar y meirwon nac ar gefnogwyr Lerpwl. Yr awdurdodau oedd ar fai, megis y Gymdeithas Bêl-droed, am adael i'r gêm gael ei chwarae mewn stadiwm beryglus; a'r heddlu, a agorodd y gât, ac a fethodd â rheoli'r sefyllfa, ac a ddewisodd beidio â helpu'r trueiniaid oedd dan fygythiad; a'r gwasanaeth ambiwlans, na ddefnyddiodd yr ambiwlansys oedd yno y tu allan i'r stadiwm.

Dywed Gair Duw, 'A'r gwir a'ch rhyddha chwi'. Dro ar ôl tro, pwysleisia'r Gair mor bwysig yw'r gwirionedd; dro ar ôl tro, ceir y geiriau ar wefus ein Harglwydd Iesu, 'Yn wir, yn wir meddaf i chwi'. A thasg yr Eglwys ym mhob oes yw datgan y gwirionedd am ddyn a Duw, pwysleisio'i gariad a'i sancteiddrwydd. Ac ni newidia, nid oes cysgod tröedigaeth arno, er i syniadau'r byd newid, a bod y byd yn aml yn gwrthod derbyn y gwirionedd.

Pan wawriodd haul gwirionedd ar Lerpwl ar Fedi 12, 2012, rhyddhawyd y bobl – ac yn enwedig teuluoedd y 96 a laddwyd yn Hillsborough – oddi wrth euogrwydd llethol. Profwyd iddynt fod yn hollol gywir am 23 o flynyddoedd, heb fyth golli eu hurddas, ac iddynt aros yn ffyddlon i'w brodyr a'u chwiorydd, a'u meibion a'u merched annwyl a laddwyd. Fe gadwodd y bobl hyn eu hurddas yn wyneb camdriniaeth a chelwydd noeth y byd. Dyna wnaeth ein Harglwydd hefyd, er yr holl gamdriniaeth a gafodd yntau – y poeri yn ei wyneb, Ei alw'n golledwr gan y bobl o'i amgylch. Fe gadwodd ei urddas. Fe'n carodd hyd y diwedd, fe garodd ei elynion hyd yn oed. A thrwy ei glwyfau ef yr iachawyd ni; trwy ei ddioddefaint ef yn unig y gwelwn ni ffordd dihangfa i'n pobl – pobl a ddioddefodd gymaint – a dihangfa hefyd hyd yn oed i'r rhai sy'n gyfrifol am y dioddefaint a'r drygioni.

Gweddïwn y gwelir cyfiawnder yn dilyn gwybodaeth o'r gwirionedd, ac y caiff y rhai euog y gosb ddyladwy. A gweddïwn yr un pryd y bydd i'r dioddefwyr, er mor anodd, fedru maddau i'r rhai a wnaeth y drygioni, fel y mae Duw yn maddau i ni, oherwydd 'y maent oll wedi pechu, ac yn amddifad o ogoniant Duw'. 'Nid oes neb cyfiawn, nac oes un'; dim ond Ef.

Da, felly, fyddai i bob un ohonom weddïo gyda Thomas Williams:

'Mi glywais gynt fod Iesu ,
   a'i fod Ef felly nawr,
yn derbyn publicanod
   a phechaduriaid mawr.'

A chan gofio geiriau Golygydd *Y Pedair Tudalen* eto, 'Does ryfedd fod gwir gydnabod bai yn bodloni Duw', awn ymlaen i orffen y weddi:

'O! derbyn, Arglwydd, derbyn
   fi hefyd gyda hwy,
a maddau'r holl anwiredd,
   heb gofio'r camwedd mwy.'

# Gwir Lawenydd

Dewiswyd Jessica Ennis i fod yn 'wyneb Gemau Olympaidd Llundain 2012', ac wedi iddi ennill medal aur gyntaf Tîm GB, seliwyd ei hwyneb ar ymwybod cenedl gyfan am byth. Dynes hawddgar â gwên gysurus a adlewyrchodd 17 diwrnod o lawenydd a llonyddwch yng ngwledydd Prydain, ddiwedd Gorffennaf a dechrau Awst 2012, yng nghanol cyfnod o bryder a therfysg mawr.

Ymlonyddodd Llundain, dinas lle bu terfysg a thân bron allan o reolaeth ond ychydig amser cyn hynny. Yn rhyfeddol, cadwodd y terfysgwyr rhyngwladol draw, er bod rhai wedi bygwth ymosod ar Faes Awyr Heathrow â saethynnau mawr, tanllyd ychydig cyn hynny. Ai lwc oedd hyn, ynteu a fu MI5 yn effeithiol am y tro, er iddynt wneud cawl ohoni'n aml y blynyddoedd diweddaf hyn?

Llwyddodd y Gemau y tu hwnt i'r disgwyl, a gwelwyd cenedl yn llawenhau, yn heddychlon, yn esmwyth ei byd, yn gorfoleddu yn llwyddiant ei chwaraewyr ei hun ac yn gwerthfawrogi hefyd gampau mawr y cystadleuwyr estron. Agwedd go brin i'r Prydeiniwr, ond am y tro rhaid cyfaddef fod y cyfweliadau â'r enillwyr yn rasol, yn wylaidd a hoffus, a'r cyfweliadau â rhai o'r collwyr yn cyffwrdd â'r galon. Daethom i wybod am aberth y chwaraewyr a'u teuluoedd er sicrhau eu bod yn cyrraedd y llinell gychwyn hyd yn oed, heb sôn am ennill, a gwerthfawrogi eu cymhellion a'u dyfalbarhad. Felly, yn ystod Gorffennaf ac Awst 2012 cafwyd 17 diwrnod o lwyddiant a llawenydd yng ngwledydd Prydain, ac yn arbennig yn Llundain, ac wyneb Jessica Ennis yn ymgorffori'r cyfan.

Ai dyma yw gwir lawenydd dyn ar y llawr? Ai dyma'r llawenydd a fydd yn para? Yn ddiau, bydd yr 17 diwrnod hyn yn llawn o atgofion melys iawn i filoedd, os nad miliynau o bobl; ond ofnaf mai gweiddi 'heddwch, heddwch, pan nad oes heddwch' a wnânt. Wrth ddadansoddi'r sefyllfa'n ddwfn, gwelwn yn glir mor addas yw dyfarniad y proffwyd Jeremeia, ac nad oes heddwch mewn gwirionedd. 'Plasebo' oedd yr 17 diwrnod, yn lliniaru poenau a phroblemau cenedl dros dro a gwneud i ni deimlo'n well, ac eto'n ofer yn y diwedd.

Mae darlun 'Y Sgrech' yn llawer mwy perthnasol a gwir. Ddechrau 2012, gwerthwyd un o'r pedwar fersiwn o'r darlun enwog hwn o'r 'wyneb o artaith' am dros 74 miliwn o bunnoedd, oedd yn record o swm am ddarlun.

Dywedir i'r arlunydd, Edvard Munch, ei baentio wedi iddo ymweld â'i chwaer mewn ysbyty meddwl, ac wedi iddo deimlo panig dychrynllyd wrth groesi'r bont a welir yn y llun wrth ddychwelyd adref o'r ymweliad hwnnw. Roedd llawer wedi cyflawni hunan laddiad trwy neidio oddi ar y bont honno. Mae'r wyneb arteithiol yr olwg yn adlewyrchu hunllef y dyn modern, gan ein hatgoffa o'r creulondeb rhwng dyn a dyn, y cam-drin mawr ar blant, hyd yn oed o fewn yr Eglwys, y miloedd yn marw o newyn er bod digon o fwyd wrth law, teuluoedd dosbarth canol yn colli gwaith ac yn dibynnu ar y Banc Bwyd, y gwahaniaeth rhwng y tlawd a'r cyfoethog yn ehangu'n beryglus, yr hen yn cael eu dirmygu. Ac adlewyrchir yr anobaith yn y ffaith fod 40 miliwn o bresgripsiynau am wrthiselyddion (*antidepressants*) wedi eu hysgrifennu'r flwyddyn ddiwethaf. Ac eto, fe seiniwn gyda'r proffwyd 'heddwch, heddwch, pan nad oes heddwch'. Mae'r Sgrech yn atsain cri'r dyn modern a'n hoes ninnau. Ni all na chwaraeon na'r brynwriaeth ('consumerism') sy'n ein tagu mewn dyled, ein dwyn i heddwch a llawenydd gwir.

A oes dihangfa mewn byd mor drist, lle nad oes arweinyddiaeth sicr o unrhyw gyfeiriad? Fel dywed yr Archesgob Rowan Williams, nid yw syniad David Cameron o'r 'Gymdeithas Fawr' ond llefaru diwerth (*'inconsequential waffle'*). A gwyddom, lle nad oes y fath arweinyddiaeth, mai marw a wna'r bobl. Pwyslais y Cristion yw mai'r Duw Byw yw ffynhonnell pob llawenydd. Efe a'n creodd, ac a'n cadwodd ac a'n hachubodd. Ond ni olyga hyn fywyd didramgwydd, heb ddioddefaint corfforol a meddyliol. Dioddefodd yr Apostol Paul oddi wrth y 'swmbwl yn y cnawd', na wyddys ei natur. Gweddïodd o leiaf deirgwaith am gael ymwared oddi wrtho, ond yn ofer. Mae'r Salmydd byth a beunydd yn sôn am ei ddioddefiadau, ac yn ymhŵedd ar i Dduw ei wella a'i ryddhau oddi wrth gaethiwed ei symptomau. 'Yn nydd fy nhrallod y ceisiais yr Arglwydd: fy archoll a redodd liw nos, ac ni pheidiodd: fy enaid a wrthododd ei ddiddanu' (Salm 77:2 ). 'Yr ydym ni yn warthrudd i'n cymdogion; dirmyg a gwatwargerdd i'r rhai sydd o'n hamgylch' (Salm 79:4). 'Paham, fy enaid, y'th ddarostyngir, ac yr ymderfysgi ynof?' (Salm 42:5). Gofynnwn paham fod yr annuwiol yn llwyddo, yn para'n iach, a'u plant a phlant eu plant yn llwyddo hefyd nes i ni'r ffyddloniaid gael ein cymell i weiddi gyda'r Salmydd eto, 'cenfigennais wrth y rhai ynfyd, pan welais lwyddiant y rhai annuwiol' (Salm 73:3). Gwelsom Gristnogion cywir yn dioddef yn enbyd ac yn methu deall llwyddiant yr annuwiol o'u hamgylch. Cyfaddefodd y

Salmydd treiddgar, a mawr ei welediad, 'pan geisiais ddeall hyn, yr oedd yn rhy anodd i mi, nes i mi fynd i gysegr Duw; yno y gwelais eu diwedd' (Salm 73:16–17).

Wrth i mi siarad ag un o'm meddygon ifainc, deallus am y broblem hon, fe drodd ataf ac edrych yn fy wyneb a dweud: 'There will be a judgement, you know'. Nid anghofiais fyth ei eiriau, nerthol. Dyma'r Duw sydd i farnu, sydd gyda ni bob amser, yn arwain a chynghori, ac a fydd yn fy nerbyn mewn gogoniant (gweler Salm 73: 23–28).

Da, felly, yw bod yn agos at Dduw, ffynhonnell gwir lawenydd, trwy ein perthynas agos â'n creawdwr a'n cynhaliwr, a'r un a'n prynodd trwy anfon ei Fab i farw ar groesbren o'i fodd. Dyma'r cariad mwyaf rhyfedd fu erioed: Duw Dad yn anfon ei Fab i'n byd; a'r Mab yn barod i dywallt ei waed drosom, yn aberth prynedigol. Ac 'yn hyn y mae cariad: nid ein bod ni yn caru Duw, ond ei fod ef wedi ein caru ni, ac wedi anfon ei Fab i fod yn aberth cymod dros ein pechodau' (1 Ioan 4:10, a gweler adnodau 7–12). A'n cyd-ddibyniaeth ar y Crist Croeshoeliedig a rydd i ni fywyd helaethach a llawenydd nas gŵyr y byd amdano. Dyna'r rheswm i'r Apostol ein hannog i lawenhau bob amser, ym mha sefyllfa bynnag yr ydym, a pheidio â phryderu am ddim. Pwysleisir eto fod ein Duw yn agos: 'y nesaf yw Efe o bawb at enaid gwan', parod i wrando ar ein cri gan sicrhau fod gwarchodaeth Duw Dad dros ein calonnau a'n meddyliau yn wastadol (sylfaenwyd ar Philipiaid 4).

Wedi gorfod wynebu fy marwoldeb yn glir iawn yn ddiweddar, gallaf sicrhau pob darllenydd nad dyfyniadau arwynebol, tafodrydd yw'r geiriau hyn, ond cri o ddyfnder enaid at genedl ar goll, sy'n wynebu dyfodol ansicr, i droi yn ôl at unig ffynhonnell bywyd a llawenydd, sef Crist Iesu'r Gorchfygwr, ac i gyffesu o'r newydd wrth ei draed mai ef yw ein Harglwydd a'n Duw. A derbyn yr un pryd anogaeth gyfoethog yr Apostol i 'Dduw, ffynhonnell gobaith, eich llenwi â phob llawenydd a thangnefedd wrth ichwi arfer eich ffydd, nes eich bod, trwy nerth yr Ysbryd Glân, yn gorlifo â gobaith' (Rhuf:15:13).

# *Les Miserables* a'r anchwiliadwy olud

Gellid tybio ar sail y cyfryngau torfol mai prif thema'r Eglwys, ac yn enwedig Eglwys Loegr, yw rhyw. Yn feunyddiol, clywn sôn am y drafodaeth ddiweddaraf ynghylch esgobion hoyw neu briodasau hoyw neu esgobion benywaidd. Braidd yn annheg yw'r darlun a gawn, oblegid ni chlywir fawr ddim am y themâu arbennig hyn o'r pulpud o Sul i Sul. Ond ni cheir sôn am y pregethu cyson ar destunau sy'n addas i'r adeg o'r flwyddyn. Nid oes gan y byd ddiddordeb yn y gwirionedd nac mewn daioni. Dyna pam y mae'r gymdeithas sydd ohoni mor bechadurus a llygredig. Ni ddywed y cyfryngau bydol ddim ychwaith am y daioni mawr a wna pob rhan o'r Eglwys i'r gymdeithas. Cyfaddefwn y bu gormod o gecru ynghylch testunau nad ydynt yn hanfodol i'r Efengyl ac i gadwedigaeth dyn. Rhoddodd hyn gyfle i'r byd roi'r pwyslais anghywir, a'n gwneud yn destun gwawd. Yr hyn y dewisodd y cyfryngau ei bwysleisio wrth sôn am bregeth olaf yr Archesgob Rowan Williams yn ei hoff gadeirlan, Caergaint, oedd iddo gyfaddef ei fod yn flin na lwyddodd y Synod i basio'r cynnig i benodi menywod yn esgobion o fewn yr Eglwys, gan fethu trwy hynny â chadw lan â syniadau'r oes. Ond yn sicr, nid gwaith yr Eglwys yw newid ei syniadau a'i chredoau er mwyn plesio'r byd. Cytunaf â Peter M. Thomas, pan ysgrifenna yn ei lith olygyddol yn *Seren Cymru* (Ionawr 11, 2013): 'Bellach mae patrymau ddoe yn gorfod ildio i fodelau newydd', ond saif y gwirionedd yn wirionedd i bob oes. Bu cyfnodau yn ei hanes pan ildiodd i dderbyn syniadau'r byd, a dyna pryd oedd dylanwad yr Eglwys ar ei gwannaf. Ni all yr Eglwys gyfaddawdu â'r byd; nid oes gennym hawl i wanychu'r neges i siwtio neb na dim. Busnes yr Eglwys, pobl Dduw, yw bod yn ffyddlon iddo Ef, a datgan ei eiriau Ef i fyd colledig a llygredig. Wrth weld y dirywiad yn ein tystiolaeth, cofiais am rybudd clir Iesu: '... os bydd y rhain yn tewi, bydd y cerrig yn gweiddi'.

Ac os nad y cerrig, rhywun arall. A'r wythnos hon, cefais brawf o hyn wrth wylio'r ffilm, *Les Miserables*. Dyma oedd profiad ysbrydol yn wir! O, gwn y medrwn ddadlau ynghylch gwerth drama gerdd a ffilm i gyfleu neges yr Efengyl. Gwn am agwedd rhai at y theatr yn y gorffennol. Ond f'unig gonsyrn i yw: a yw'r Crist yn cael ei ddyrchafu, a yw'r wir Efengyl yn cael ei gosod gerbron pobl sydd ar goll, gerbron pobl na throediodd i mewn i unrhyw le o addoliad erioed? Dyna oeddwn yn rhan ohono am ddwy awr a hanner yr wythnos hon, wrth wylio ffilm â'i hactorion, mewn ffordd unigryw, yn canu'n fyw o flaen y camerâu (yn hytrach na bod y canu'n cael ei recordio, a'r actorion yn meimio'n ddiweddarach). Thema ganolog glir y stori yw nerth achubol, maddeuant a chariad aberthol; hynny yw, hanfodion y Ffydd Gristnogol. A chawn y pwyslais parhaus ar gariad a maddeuant Duw, sy'n esgor ar edifeirwch a chariad sy'n iachau ac yn achub.

Mae'r libreto'n debyg i destun Ysgrythurol, ac enwir Duw 31 o weithiau, yr Iesu 6 gwaith, y nefoedd a gweddi 8 gwaith; a sonnir yn glir am y ffordd i Galfaria, angerdd y Crist, aberth ac achubiaeth. Llenwir meddyliau'r gwrandawyr, felly, â meddylfryd Cristnogol. Mae'r prif gymeriad, Valjean, wedi profi maddeuant rhad yr Esgob, ar yr amod ei fod yn newid o fod yn bechadur a lleidr i fyw bywyd daionus. A dyna a wna, er iddo gael ei erlid yn barhaus gan yr heddgeidwad, Javert. Cred Javert yn ddi-ball yn y gyfraith fel ffordd iachawdwriaeth. Yn wyneb trallodion real bywyd, mae'r fam sengl, Fantine, yn colli ei ffydd yn y Duw cariadlawn, maddeugar; a dyna yw thema ganolog un o ganeuon mwyaf aflonyddus y sioe, *I Dreamed a Dream,* a genir ganddi hi. Mae Valjean, y maddeuwyd ei bechodau, yn tyfu'n wir Gristion ac yn fodlon aberthu ei fywyd ei hun er mwyn achub y gŵr ifanc y mae ei lys ferch yn ei garu. Mae *Bring Him Home,* cân allweddol Valjean, yn cynnwys gweddi ar i Dduw adfer y rhai sydd ar goll ac mewn perygl.

Dywedir i rai pobl gael eu hachub wrth weld y ddrama gerdd. Yn arbennig, dywed y Parchg Ddr Ian Bradley, darlithydd ym Mhrifysgol St Andrew, iddo, trwy ei waith ymchwil, ddod o hyd i dri pherson a gafodd dröedigaeth i'r Ffydd Gristnogol trwy eu profiad o wylio'r sioe gerdd. Wedi iddo ef ei hun wylio'r sioe gerdd yng Nghaeredin bymtheng mlynedd yn ôl y sylwodd ar y nerth ysbrydol a diwinyddol sydd ynddi. Gwelodd nifer fawr o bobl ifainc yn dod dan ddylanwad ei neges am faddeuant a chariad aberthol, gan ddod yn awyddus wedyn i siarad ymhellach am bynciau a drafodir mewn ysgolion Sul fel rheol.

Yr wythnos hon, ces innau'r un profiad. Wele fi ar ddechrau'r unfed ganrif ar hugain mewn sinema lawn o bobl o bob oedran, a llawer ohonynt yn ddigon swnllyd cyn i'r ffilm ddechrau. Ond wrth i'r ffilm fynd yn ei blaen, gwelais newid mawr yn agwedd y bobl; a syrthiodd rhyw dawelwch hyfryd dros y lle wrth i'r bobl gael eu dal a'u symud hyd ddagrau gan neges ganolog y ddrama – maddeuant rhad a chariad aberthol. Ac ar ddiwedd y ffilm cafwyd clapio dwylo – rhywbeth nas gwelais erioed o'r blaen mewn sinema, a'r bobl yn mynd allan yn dawel ac yn feddylgar dros ben.

Profais o'r newydd allu cariad aberthol a maddeuant i newid dynion. Roeddwn am weiddi, 'Dyma neges eich emynwyr a'ch pregethwyr chi eich hun,

Dyma gariad fel y moroedd,
   tosturiaethau fel y lli;
T'wysog bywyd pur yn marw,
   marw i brynu'n bywyd ni.

Ar Galfaria y cyrhaeddwn binacl yr Efengyl – Y Groes, symbol a phortread o'r cariad dwyfol sy'n achub y byd. Roedd y Duwdod oll yn gyfan yn y weithred aberthol, a Duw yng Nghrist 'yn cymodi'r byd ag ef ei hun.' 'Duw cariad yw', ac y mae cariad yn ei hanfod yn aberthol. Cariad mwy na hwn nid oes, bod i un roi Ei einioes dros ei gyfeillion. Dioddefodd y Crist dros ddynion, y dieuog dros yr euog. Y dioddefaint a gymerodd arno'i hun trwy'r cariad a'r cydymdeimlad oedd yn peri ei fod yn ei uniaethu ei hun ag eraill, mynd i mewn i'w brofiadau, cario baich eu pechod fel petai'n eiddo iddo'i hun. 'Efe a gymerth ein gwendid ni ac a ddug ein doluriau' yn rhinwedd angerdd ei gariad ac ehangder ei gydymdeimlad. Cymerodd arno'i hun ein gwae a'n gwaradwydd. Y mae cariad ac aberth Crist yn ddatguddiad o ddyfnder y galon ddwyfol; y groes yn fynegiant ym myd amser o'r cariad aberthol, achubol sy'n preswylio'n dragwyddol yn Nuw (seiliedig ar Exodus 12: 25–27; Eseia 52:13 – 53:12; Ioan 15:13; Rhufeiniaid 5:10; 1 Pedr 2:24–25; a Galatiaid 3:10–13). Ac ym marwolaeth y Groes y ffrydiodd y cariad hwnnw yn tswnami o ddatguddiad, fel y disgrifiodd Hiraethog:

Ar Galfaria yr ymrwygodd
   holl ffynhonnau'r dyfnder mawr;
torrodd holl argaeau'r nefoedd
   oedd yn gyfain hyd yn awr.
gras a chariad megis dilyw
   yn ymdywallt yma 'nghyd,
a chyfiawnder pur a heddwch
   yn cusanu euog fyd.

'Bring Him Home!' Afradloniaid annwyl, dewch adre'. Mae dwylaw'r Mab ar led i'ch prynu, a dwylaw'r Tad ar led i'ch croesawu. Mae'r Efengyl yn real ac yn berthnasol heddiw i 'les miserables' fel ni.

# Canwr Y Byd, Ceidwad y byd

Daeth y byd i'r brifddinas ganol Gorffennaf pan gynhaliwyd cystadleuaeth Canwr Y Byd Caerdydd 2013. Pan gychwynnwyd y gystadleuaeth 30 o flynyddoedd yn ôl, fe'i disgrifiwyd fel eisteddfod newydd – cyfle i ddod â'r byd i Gymru a chyflwyno Cymru i'r byd. Gwireddwyd yr uchelgais hon. Ers y gystadleuaeth gyntaf yn 1983, rhoddwyd croeso brwd i Gaerdydd i 360 o gantorion o dros 60 o wledydd. Eleni, cynrychiolwyd 30 o wledydd. Daeth beirniaid enwog o bob rhan o'r byd hefyd, megis y Fonesig Kiri Te Kanawa o Seland Newydd, Hakan Hagegard o Norwy, Maren Hofmeistr o'r Almaen, Elena Obraztsova o Rwsia a Nicholas Payne o Dŷ Opera Covent Garden, Llundain. Cafwyd pedwar cyngerdd yn ystod yr wythnos, gyda phum canwr yn perfformio bob nos. Ar ddiwedd wythnos o gystadlu cafwyd cyngerdd terfynol, gyda phump o gantorion gorau'r wythnos yn cymryd rhan; a dewiswyd un enillydd, a gafodd y wobr o dlws a siec a'r anrhydedd o fod yn Ganwr Y Byd Caerdydd 2013.

Roedd presenoldeb y pum canwr yn y rownd derfynol yn pwysleisio eto bod y byd yn cael ei gynrychioli yng Nghaerdydd, oblegid cafwyd cantorion o'r Unol Daleithiau (y mezzo-soprano Jamie Barton, sef yr enillydd ), Yr Eidal (y soprano Teresa Romano), Croatia (yr unig ddyn, y bas-bariton Marko Mimica), yr Ariannin (mezzo arall, Daniela Mack) a'r Wcráin (yr ifancaf, a thipyn o ffefryn y gynulleidfa, soprano arall, Olena Tokar). Adlewyrchwyd y ffaith bod y byd yn ymgynnull yng Nghaerdydd y dyddiau hyn hefyd gan ehangder cyfansoddwyr y caneuon a ganwyd, megis Sibelius, Berlioz, Massenet, Verdi a Mozart.

Gyda'r pwyslais mawr hwn ar 'y byd', cofiais am adnod fwyaf enwog efallai'r Testament Newydd, 'Canys felly y carodd Duw *y byd ...*' (Ioan 3:16). Sylwer, sôn am Dduw'n caru – nid Cymru, nid yr eglwys, nid Cristnogion, nid dynion da, nid dynion sy'n meddwl eu bod yn bwysig, ond – *y byd*. Y byd yn ei annibendod, ei anghrediniaeth, ei anfoesoldeb, ei bydredd – llygredd eang yng ngwledydd Prydain fel yn Affrica, tlodi mewn rhannau o Brydain fel yn Affrica, a'r anghyfartaledd mawr rhwng y cyfoethog a'r tlawd ym Mhrydain fel yn Affrica. Ceisia propaganda llywodraeth (*'lying-in-state'!)* geisio dweud fod pethau'n gwella, ond erys y disgrifiad o gymdeithas Rufeinig yr Apostol Paul mor addas a chymwys heddiw i gymdeithas ein gwlad ar ddechrau'r unfed ganrif ar hugain. 'Am iddynt wrthod cydnabod Duw y mae Duw wedi eu traddodi i gaethiwed meddwl llygredig, ac am hynny y mae eu gweithredoedd yn wrthun, a hwythau yn gyforiog o bob math o anghyfiawnder a drygioni a thrachwant ac anfadwaith. Y maent yn llawn cenfigen, llofruddiaeth, cynnen, cynllwyn a malais. Clepgwn ydynt, a difenwyr, casddynion Duw, dynion rhyfygus a thrahaus ac ymffrostgar, dyfeiswyr drygioni, heb barch i'w rhieni, heb ddeall, heb deyrngarwch, heb serch, heb dosturi (hyd yn oed tuag at y claf) ... y maent nid yn unig yn dal i'w gwneud ond yn cymeradwyo'r sawl sydd yn eu cyflawni' (seiliedig ar Rufeiniaid 1:28–31).

Dyna yn ôl Duw a ddigwyddodd i ddyn a fynnodd ryddid i weithredu yn ôl ei ewyllys ei hun. Collodd ei ffordd. Ciliodd oddi wrth ddaioni. Aeth yn ôl ei ffordd ei hunan. Ond yn ei gariad a'i drugaredd, fe ddewisodd Duw ei erlid a'i geisio. Ac anfonodd ei Fab ei hun i'n byd 'i geisio ac i gadw'r hyn a gollasid'. Mae'n mynnu ein ceisio. Ac nid rhyfedd hyn, oblegid yn ôl y bardd, dyma'r byd 'a greaist, gofiaist, geraist'.

A dyna orchymyn yr Arglwydd i'w Eglwys ar y llawr ac i'r rhai hynny sydd ar ei enw Ef, 'Ewch i'r holl *fyd* a phregethwch yr Efengyl i bob creadur'. Da gweld y pwyslais hwn yn uchelwyliau'r gwahanol enwadau'r tymor hwn: y Presbyteriaid a'u thema, 'Ewch a gwnewch yr un modd'; a'r Bedyddwyr, trwy'r thema '*Trwy lygad gwahanol*' yn cael eu herio i weld y tu hwnt i'r arferol ac ystyried dulliau gwahanol o weinidogaethu a chenhadu yn y *byd*. Yn sicr, rydym fel Eglwys fyd-eang ac yng Nghymru ar y groesffordd; rhaid dewis un ai aros o fewn y pedwar mur a chadw i ni ein hunain, a graddol fynd yn fwy hunanol a mewnblyg, a marw; neu fod yn barod i fentro allan i'r byd, cymysgu â phob dyn, a chael ein dwylo'n frwnt, ond bod yn effeithiol a byw. Dyma'r unig ffordd y down â gobaith a bywyd i fyd ofnus, colledig. A thrwy hyn, cael rhan, er mor fychan, yng ngwireddu geiriau mawr yr Ysgrythur, 'Mab y dyn a ddaeth i geisio ac i gadw yr hyn a gollasid'.

Cyfaddefaf ei bod efallai'n fwy anodd cyfleu neges y cadw i'n byd ni heddiw nag ydoedd dros hanner canrif yn ôl, pan oedd eto yn y tir arwyddion yr hen lwyddiant a'r hen freuddwydion a fu. Nawr, nid oes dim a'n cysgoda rhag y gwirionedd clir am ein dirywiad moesol a chrefyddol, nes ein bod yn amau bodolaeth Duw – ac yn enwedig y Duw Cristnogol. Gwrthod cydnabod bodolaeth Duw yw ymateb haerllug ein dydd.

Ond i'r sawl sy'n credu yn Nuw ac yn gwneud ei waith, y mae yna wobr. Dywed y Meistr wrthym, 'Da was da a ffyddlon'. Ysgrifennir ein henwau yn llyfr y bywyd. Canys dyna a addawodd Duw: 'rhoi ei unig-anedig Fab (i'n byd) fel na choller pwy bynnag a gredo ynddo ef ond caffael ohono fywyd tragwyddol'.

Wrth wrando ar yr anthem genedlaethol yn cael ei chanu ar ddiwedd wythnos Canwr y Byd Caerdydd 2013, teimlais wefr arbennig, a thystiodd llawer o bobl eraill i'r un peth. Ni allwn lai na chofio geiriau ein hemynwyr am y 'canu yn y nefoedd / pan ddaw y saint ynghyd', ac am ganu 'fel cana'r aderyn / fod Iesu yn Geidwad i mi', a'r honiad mai 'calon lân all ganu'. Cofiais hefyd wrth wylio'r aderyn yn yr ardd mai wedi iddo'i olchi ei hun yn 'ymdrochle'r aderyn' y bydd hwnnw'n canu orau. Ac mewn gwirionedd, byddwn ninnau'n canu orau hefyd wedi i ni gael ein golchi yng ngwerthfawr waed Iesu. Bryd hynny y medrwn foliannu'r Ceidwad wrth ymuno, fel y disgrifia Ioan yn Llyfr y Datguddiad, gyda'r 'myrdd myrddiynau' yn y gân nefol: 'Teilwng yw'r Oen a laddwyd i dderbyn gallu, cyfoeth, doethineb a nerth, anrhydedd gogoniant a mawl' (Datguddiad 5:12).

Trwy gredu ynddo, gweithredu drosto mewn gair a gweithred, y cawn ni'r gallu, yn y côr nefol, i ganu gogoniant i Geidwad y Byd, gan wybod na orffwys hyd nes bod pob person byw – a'r cread cyfan – wedi cael y cyfle i fod yn ddiogel o fewn cwmpas ei gariad achubol.

# Y 'Seleb' – Eilun ein Hoes

Gyda dirywiad llethol Cristnogaeth y Gorllewin, llanwyd y gwacter gan 'Gwlt y Seleb'. Tyfodd yn gyflym iawn yn yr ugeinfed ganrif, ac yn enwedig yn y 1940au a'r 1950au, gan gyrraedd ei ben llanw erbyn ein dyddiau ni. Meddyliwn amdanom ein hunain fel pobl alluog, ddysgedig, ond gwelwn ran helaeth o'n pobl yn addoli wrth allor y 'seleb'. Prawf o hyn yw'r miloedd sy'n gwylio rhaglenni teledu fel *X Factor* a *Britain's Got Talent* (gan amlaf, mae honno'n debycach i 'Britain has no talent') a'r cannoedd ar gannoedd o bobl sy'n amgylchynu gwestai mawr ein dinasoedd adeg y rhagbrofion ar gyfer y rhaglenni hyn. Ceir selebs mewn sawl rhan o gymdeithas. Ym myd y ffilmiau, mae Marilyn Monroe, er iddi farw yn 1962, yn dal i gael ei haddoli gan lawer; mae miloedd o bobl yn credu fod y seren bop, Elvis Presley, yn fyw o hyd; ac mae modelau fel Kate Moss a Naomi Campbell yn eilunod i lawer, gyda Campbell hyd yn oed yn cael ei darlunio gan Marlene Dumas yn lluniau'r 'Magdalena', sy'n cymysgu portreadau o'r fodel gyda darluniau o Fair Magdalen edifeiriol.

Sylwer ar yr awgrym clir am berthynas y seleb â chrefydd – yr addoliad a'r cariad at y gwrthrych. Dilynir hynt y seleb; mynnir bod yn dystion i'w ymddangosiadau cyhoeddus; ceisir bod yn agos atynt; prynir memorabilia ohonynt a llyfrau amdanynt; a cheir rhai sydd hyd yn oed yn creu'r hyn a alwant hwy eu hunain yn gysegr i'w heilun. Prawf yw hyn oll o wacter ysbrydol ein dydd. Bu dyn erioed yn ceisio rhywun i'w addoli, ac ni chaiff lonydd hyd nes iddo ddod o hyd i rywun i'w addoli'n gyson. Pwysleisiai Awstin Sant mai'r Duw byw yw gwrthrych gwir addoliad.

Ond nid dyna gred y dyn modern. Mae hwnnw'n addoli'r llu selebs gan gredu mai dyma'r ffordd i fywyd helaethach, a hefyd i fywyd tragwyddol. Trwy geisio'r statws hwn iddynt eu hunain, mae pobl yn tybio y cânt hapusrwydd, addoliad, gwerthfawrogiad, dilyniant ffyddlon, a digonedd o aur ac arian, ac na fydd diwedd i'r pethau hyn ac y byddant hwy byw am byth.

Ond er holl swyn y grefydd hon, mae rhyw wacter ffals wrth ei gwraidd. Mor berthnasol yw dedfryd y Salmydd ar y rhain: 'Y mae dyddiau dyn fel glaswelltyn; y mae'n blodeuo fel blodeuyn y maes – pan â'r gwynt drosto fe ddiflanna, ac nid yw ei le'n ei adnabod mwyach' (Salm 103:15–16).

Ond mae yna un, sef *Jesus Christ Superstar*, sy'n deilwng o'n haddoliad. Mae hwn yn hollol unigryw ymhlith dynion.

## Ni chafodd neb ei eni fel hwn

Wrth syllu ar gartŵn mawr Michelango, *Epiphany*, yn ddiweddar, synhwyrais fod safle'r baban Iesu rhwng coesau ei fam yn awgrymu'n glir mai thema'r darlun oedd yr ymgnawdoliad gwyrthiol. Fel y dywed pennod gyntaf y Llythyr at yr Hebreaid, 'Mewn llawer dull a llawer modd y llefarodd Duw gynt wrth yr hynafiaid trwy'r proffwydi, ond yn y dyddiau olaf hyn llefarodd wrthym ni mewn Mab. Hwn yw'r un a benododd Duw yn etifedd pob peth, a'r un y gwnaeth y bydysawd drwyddo. Ef yw disgleirdeb gogoniant Duw ...' (Heb. 1:1–3a). 'A daeth y Gair yn gnawd a phreswylio yn ein plith, yn llawn gras a gwirionedd; gwelsom ei ogoniant ef, ei ogoniant fel unig Fab yn dod oddi wrth y Tad' (Ioan 1:14).

## Ni fu neb fyw fel hwn

Trigodd ar y llawr fel ni, gan wynebu'r un treialon â ni a'r un temtasiynau â ni; ond yn wahanol i ni, heb bechu. Dyma'r unig un perffaith: yr Oen di-fai. Fe aeth oddi amgylch gan wneuthur daioni. Daeth tyrfaoedd o bob rhan o'r wlad i wrando arno ac i weled y gwyrthiau a gyflawnodd. Yn y Testament Newydd, sonnir am y 'dyrfa'n gwasgu ato ...' (Luc 5:1) a'r 'llu niferus o bobl o Jwdea gyfan a Jerwsalem ac o arfordir Tyrus a Sidon, a oedd wedi dod i wrando arno ac i'w hiachau o'u clefydau' (Luc 6:17). Dyma oedd *superstar* yn wir. Tybed beth a ddigwyddai pe bydda'r Iesu'n troedio ein daear heddiw, gan lefaru mewn ffordd na wna neb arall, ac iachau a chodi'r meirw. Debyg iawn, oherwydd anwadalrwydd dyn, mai ei ddilyn am ysbaid a wnaem ac yna troi cefn 'a pheidio mwyach â mynd o gwmpas gydag ef', fel dilynwyr ei ddydd ei hun (Ioan 6:66). Diau iddynt droi 'yn eu holau' am nad oedd Iesu'r math o Feseia a ddisgwylient, ac am fod ei ofynion arnynt yn annerbyniol. Mae'n galw arnynt i anghofio amdanynt eu hunan, a newid canolbwynt diddordeb eu bywyd oddi wrthynt hwy eu hunain at Dduw, y gwir a'r bywiol Dduw, a'i garu Ef a charu eu cyd-ddynion yn fwy na hwy eu hunain. A thrwy hynny, dod 'yn fwy tebyg i Iesu Grist yn byw'.

## Ni fu neb farw fel hwn

Dyma'r Oen di-fai a fu farw dros y byd. Dyma'r Un, oherwydd ei gariad anfeidrol, sy'n bodloni i farw trosom: 'T'wysog bywyd pur yn marw, Marw i brynu'n bywyd ni'. Ond y mae ei farw yn hollol wahanol i farwolaeth pawb arall, canys y trydydd dydd fe gyfododd o'r bedd, byth i farw mwyach! Crist a gyfododd, gan goncro angau a'r bedd; ac ef yw'r blaenffrwyth ar gyfer atgyfodiad pob un sy'n credu ynddo. Dyma wir anfarwoldeb, sy'n hollol wahanol i ffantasi'r seleb modern.

'Gweddïwn felly ar i'r Hollalluog Dduw, a greodd ddyn ar ei lun a'i ddelw ei hun, a'i adfer yn rhyfeddol, ganiatáu – megis ag y gwnaeth ei Fab, Iesu Grist yn gyfrannog o'r natur ddynol – i ninnau gyfranogi o'i natur ddwyfol. Hyn a ofynnwn trwyddo Ef sydd gyda'r Tad a'r Ysbryd Glân yn byw ac yn teyrnasu yn un Duw, ac sydd fel y dywed Ann Griffiths, 'Yn wrthrych teilwng o'm holl fryd'.

A datganwn gyda'r emynydd:

> Beth sydd imi mwy a wnelwyf
> ag eilunod gwael y llawr?
> Tystio 'rwyf nad yw eu cwmni
> i'w gystadlu â'm Iesu mawr:
> O am aros
> yn ei gariad ddyddiau f'oes.

# FFYDD

# Ffolineb Pregethu

I'r sawl nad yw'n gwybod mai dyfyniad ydyw, gallai'r teitl uchod fod yn gamarweiniol. Dau air sydd yma o un o epistolau Paul, 'Gwelodd Duw yn dda trwy ffolineb yr hyn yr ydym ni ei bregethu achub y rhai sydd yn credu' (1 Corinthiaid 1:21). Nid yw'n golygu mai ffolineb yw pregethu, ond bod y byd yn tybio bod neges yr Efengyl am groes Crist yn ffolineb.

Na thybier felly mai math ar bolemig yn erbyn pregethu yw cynnwys yr erthygl hon. Rhaid cyfaddef, er hynny, bod erbyn heddiw liaws o bobl – o fewn yr Eglwys hyd yn oed – sy'n amau gwerth pregethu ac yn rhoi'r flaenoriaeth yn eu haddoliad i ddulliau eraill, newydd a modern, megis deialog, drama, a dawns.

Yn wir, byddai rhai'n dadlau'n gryf bod pregethu, yn yr ystyr o gyhoeddi a thystio i fawrion weithredoedd Duw yn Iesu Grist, a grym achubol y Crist Croeshoeliedig, Atgyfodedig i greu dynion newydd sbon trwy ei Ysbryd Glân, wedi colli ei ystyr. Awgrymant fod pregethu wedi mynd yn ddibwrpas ac aneffeithiol. Mae'r awgrym yn ddifrifol iawn ac yn wir beryglus, yn enwedig mewn byd a gwlad lle mae ideolegau (braidd y gellir hyd yn oed eu galw'n 'grefyddau') yn troedio fel cewri pwerus yn ein mysg, a'r Llywodraeth yn rhoi cymaint o gefnogaeth iddynt wrth erlid Cristnogaeth fwy a mwy.

Yn ei lith olygyddol yn *Seren Cymru* (Ionawr 29, 2010), gwnaeth Olaf Davies gymwynas fawr â ni trwy dynnu sylw at y testun pwysig a pherthnasol hwn, a'n hannog i ymateb. Gwnaf hynny trwy'r *Pedair Tudalen* gan fod y pwnc yn berthnasol i bawb ohonom.

Cyfaddefwn fod yna bregethau diflas; ac mae'n ymddangos i'r pregethwr enwog E. Tegla Davies, yn ei bregeth 'Y Faniffesto', gynnwys pregethu ymhlith y cyfryngau hynny a oroesodd eu defnyddioldeb. Rhaid cyfaddef bod aml i gyfrwng ac ymagweddiad a rhagfarn wedi hen oroesi eu defnyddioldeb, a bod yr Eglwys yn cael ei galw i dorri'n rhydd oddi wrth y maglau llethol sy'n arafu ei thwf ac yn llesteirio'i dylanwad.

Wrth werthfawrogi a chydnabod gwerth dulliau newydd, mae'n rhaid ar yr un pryd bwysleisio pwysigrwydd pregethu, ac yn wir y rheidrwydd amdano. Dyna bwyslais yr Apostol Paul i'r pregethwr ifanc, Timotheus, 'Pregetha'r Gair'. Meddai Islwyn Ffowc Elis, 'Tra bo dyn, mi fydd pregethu'. Ac meddai P. T. Forsyth, 'With preaching Christianity stands or falls, because it is the declaration of a Gospel. Nay more – far more – it is the Gospel prolonging and declaring itself.'

Er mwyn parhad yr Efengyl, rhaid pregethu. Er mwyn parhad yr Eglwys, rhaid pregethu. Er mwyn achub y byd a dynolryw, rhaid pregethu. Rhaid sôn am 'Iesu Grist a'i farwol glwy'. 'Oblegid nid oes enw arall dan y nef, wedi ei roi i'r ddynolryw, y mae'n rhaid i ni gael ein hachub drwyddo' (Actau 4:12). Fe ofynnodd yr Apostol Paul ei hun sut allai neb wybod neges y bywyd heb iddynt glywed pregethwr: 'Sut y maent i glywed, heb fod rhywun yn pregethu?' (Rhufeiniaid 10:14).

Teg ceisio ateb y cyhuddiad bod pregethu, y cafwyd cymaint ohono yn ystod y ganrif ddiweddaf, ar y cyfan mor aneffeithiol, ar wahân i'r ychydig eithriadau prin megis Pastor Dan Williams, Penygroes, y pregethwr mwyaf a glywais i erioed, a'r gŵr a ddechreuodd yr Eglwys Apostolaidd a ymledodd dros y byd.

Diau fod llawer o resymau dros y dirywiad. Ond tybed mai un o'r gwendidau mwyaf, a'r hyn a achosodd i'r pregethu fod mor aneffeithiol, oedd yr anghysondeb rhwng y bregeth a'r fuchedd, rhwng y gair a'r weithred, rhwng y traethu a'r byw?

Rhaid byw'r Efengyl er mwyn cadw'r cywirdeb ('integrity') a gwneud y pregethu'n effeithiol. Fel y dywedodd Sant Ffransis wrth y mynach ifanc, 'We preach as we walk'. Er mwyn i areithio, ac yn enwedig bregethu, fod yn llwyddiannus ac argyhoeddedig, rhaid iddo fod yn seiliedig ar fywyd sydd mewn harmoni â'r ffydd a'r delfrydau a gyhoeddir. Nid digon geiriau heb ymrwymiad moesol. Nid geiriau Obama yn unig a effeithiodd ar feddyliau Americanwyr a phobl o bob cwr o'r byd, ond y ffaith fod y geiriau a'r cymeriad wedi eu plethu'n glos i'w gilydd.

Mae gan eiriau nerth arbennig; ond er mwyn i eiriau'r pregethwr fod yn effeithiol rhaid iddynt fod yn rhan o'i fywyd sydd wedi ymblethu yng Nghrist. I bregethu'r Crist Croeshoeliedig, rhaid medru dweud, 'Crist ynof fi'.

A rhaid derbyn nad gweinidogion ordeiniedig yn unig sydd â'r cyfrifoldeb i bregethu'r Efengyl. Dyma dasg pob Cristion, a ninnau'n credu yn 'offeiriadaeth yr holl saint'. Rhaid pregethu'r Efengyl i bawb, ble bynnag y bônt: i'r ifanc a'r hen, i ffrind ac i ddieithryn; yn y cartref a'r gwaith a'r ysgol. 'Gossip the Gospel' i bawb, gan gofio mai pobl y byd yw ein cynulleidfa. 'Carodd Duw y byd gymaint nes iddo roi ei unig Fab, er mwyn i bob un sy'n credu ynddo ef beidio â mynd i ddistryw ond cael bywyd tragwyddol' (Ioan 3:16).

Cofiwn y geiriau a ddefnyddiaf mewn gweddi yn union cyn pregethu bob amser, er mwyn ein hatgoffa'n hunain o'r hyn yw pregethu mewn gwirionedd:

'Gweddïaf y bydd i'r Arglwydd,
Wrth i mi agor fy ngenau,
Roi i mi ymadrodd,
Fel y medraf hysbysu yn ddi-ofn
Ddirgelion yr Efengyl.' (Seiliedig ar Effesiaid 6:19)

# Crefydd a Seicosis

Mae'r awgrym bod crefydd yn achosi seicosis yn thema oesol. Awgrymwyd hynny o'r newydd yn ddiweddar mewn erthygl yn *Psychological Medicine* oedd yn sôn am yr ymchwil a wnaed i gleifion a fu yn Ysbyty Dinbych ym mlynyddoedd y Diwygiad a welodd Cymru yn 1904–05, gan awgrymu cysylltiad rhwng y Diwygiad a'r seicosis a ddioddefai rhai o'r bobl a ddaeth dan ei ddylanwad.

Ond y mae llawer o wendidau yn yr erthygl.

❖ Dim ond 20 allan o 600 o gleifion a ddisgrifir yn dioddef o seicosis a orfodwyd i fynd i'r ysbyty ym mlynyddoedd y Diwygiad, o 1902 hyd 1907. Mae hynny'n swm bychan iawn.

❖ Mae modd hefyd amau ai crefydd a chyfarfodydd tanllyd y Diwygiad a achosodd y symptomau seicotig, ynteu ffactorau eraill.

❖ Ymysg y ffactorau hynny oedd y straen cymdeithasol a ddilynodd y diweithdra mawr a hir a gafwyd yn ardal y chwareli yng Ngogledd Cymru'r blynyddoedd hynny, gyda'r *lock-out* am dair blynedd a'r gweithwyr yn gorfod dychwelyd dan amgylchiadau gwaeth.

❖ Rhaid meddwl hefyd am achosion eraill, megis gwendid personoliaeth a thueddiad at seicosis oedd yn gynhenid i'r claf.

❖ Cwestiwn mawr arall i'w ystyried yw cwestiwn iaith. I fod yn deg â chleifion, dylid eu harchwilio yn eu mamiaith. Deliais â'r mater pwysig hwn yn y *Lancet* flynyddoedd yn ôl, pan oedd yna ddadlau ynghylch apwyntio Seiciatryddion di-gymraeg i swyddi yng Ngogledd Cymru, yn enwedig yn yr ardaloedd Cymraeg eu hiaith. Ni all y sawl sydd mor glaf ei feddwl â'r seicotic gyfathrebu â meddyg sy'n methu ei ddeall. Gwelir hyn yn eglur yn achos pobl Affricanaidd-Garibiaidd yng ngwledydd Prydain heddiw. O ganlyniad i hyn, ac am nad yw seiciatryddion Prydeinig yn gallu deall eu diwylliant arbennig, caiff mwy a mwy ohonynt eu gorfodi i mewn i unedau ac ysbytai seiciatreg. Gelwir y bobl hyn yn lleiafrif ethnig.

Bu'r Cymry'n lleiafrif ethnig am ganrifoedd. Felly oedd pethau ar ddechrau'r ugeinfed ganrif, ac yn wir mae'n parhau felly o hyd.

Gwrandewch ar dystiolaeth dau Ffrancwr adeg y Diwygiad. Dywedodd un ohonynt, y seiciatrydd Dr Rogues de Fursac, a anfonwyd i Gymru gan Lywodraeth Ffrainc i ddadansoddi'r Diwygiad: 'Rwyf wedi dod i gysylltiad â'r genedl unigryw hon sy'n siarad iaith hŷn na'n hieithoedd hynafol ni, ac a ddioddefodd ganrifoedd o ormes heb golli ei chymeriad cenedlaethol a gwahanol'.

Ac meddai'r ail Ffrancwr, yr Athro Henri Bois, heb os nac oni bai: 'Rwy'n argyhoeddedig fod Duw mewn gwirionedd, yn ddiamau ar waith mewn ffordd arbennig iawn yn y Diwygiad Cymreig. Mae Ysbryd Duw yma.'

Dyma swm a sylwedd syniadau'r ddau am y Cymry a'r Diwygiad, wedi iddynt deithio trwy Gymru ac ysgrifennu llyfr yr un am yr hyn a welsant. Mae llyfr y naill yn 200 o dudalennau ac eiddo'r llall dros 600 o dudalennau.

Yng nghyswllt y Diwygiad, mae'n bwysig dweud hefyd y dylid ystyried bod y ffenomenon a ddisgrifir gan yr awduron hyn yn ffenomenon dderbyniol a naturiol i'r sefyllfa a'r amser penodol. Gellir dweud yr un peth am ffenomenon debyg a welais yn Nhoronto ganol y 1990au, ac mewn gwirionedd a welwyd yn gyson ymysg y Carismataidd a'r Eglwys Apostolaidd yn ystod y ganrif ddiweddaf a heddiw.

Dyma'r 'ecstasi ysbrydol'. Dyna ddigwyddodd yn yr Eglwys Fore, pan oedd pobl yn eu cyhuddo o fod 'yn llawn o win melys'.

Yng nghyswllt y Diwygiad hefyd, sonnir am ddisgrifiadau ym mhapurau newydd y dydd, a'r *Western Mail* yn arbennig, o'r cyfarfodydd, a bwysleisiai'r moliannu a'r gogoneddu, a hefyd bwysigrwydd y geiriau addolgar a ddefnyddiwyd, megis 'Diolch', 'Diolch iddo', a 'Diolch iddo byth am gofio llwch y llawr'. Sonir wedyn am y canu gwefreiddiol.

Peth arall a bwysleisiwyd gan y Ffrancwyr hyn oedd mai Diwygiad cariad a llawenydd ydoedd, ac mai *'love-song'*, 'cân serch' y Diwygiad oedd emyn mawreddog ac anfeidrol Hiraethog:

Dyma gariad fel y moroedd,
    tosturiaethau fel y lli;
T'wysog bywyd pur yn marw,
    marw i brynu'n bywyd ni.
Pwy all beidio â chofio amdano?

Pwy all beidio â thraethu'i glod?
Dyma gariad nad â'n angof
   tra bo nefoedd wen yn bod.

Nid yn unig y cafwyd profiadau crefyddol dwys dan ddylanwad yr Ysbryd Glân, ond cafwyd effeithiau da a phositif ar fywydau Cristnogion newydd a hen. Cafwyd gostyngiad mawr yn rhif y troseddwyr, llai o feddwi, dyledion yn cael eu talu, plant yn gweld mwy o'u tadau, llai o regi, a theuluoedd yn cymodi.

Heb os, parodd y Diwygiad i ddynion ymddwyn yn fwy moesol ac i ymddygiad gwrthgymdeithasol leihau yn fawr. Dyna ddatrys problem fodern na allodd John Major a'i *'back to basics'*, na Gordon Brown a'i *'moral compass'* ei datrys. Yn wir, ni all dynion gynhyrchu moesoldeb a'u gwneud eu hunain yn dda. Y Duw da yn unig all ein glanhau trwy waed Ei Fab a dywalltwyd trosom.

Yn hytrach nag achosi blinder a seicosis, mae'r Ffydd Gristnogol yn rhoi i ni heddwch a thangnefedd, iechyd ac iachawdwriaeth. Gweddïwn y bydd i'n gwlad gael tywalltid nerthol eto o'i Lân Ysbryd, ac y daw ein pobl i 'wybod y geiriau' ac i 'adnabod y Gair'.

# Drwg neu Ddryswch

*Seiliwyd yr erthygl ar Y Ddarlith Flynyddol a roddwyd yn Llandeilo, Ebrill 2009, ar wahoddiad Y Parchg E. Lyn Rees, Saron ar ran Gweithgor Bedyddwyr Gogledd Myrddin.*

Cafodd cenedl gyfan ysgytwad emosiynol mawr wrth glywed am erchyllterau Edlington. Dau fachgen, 9 a 10 mlwydd oed, yn darn-ladd dau fachgen arall o'r un oed. Roedd hynny'n ein hatgoffa am James Bulger yn cael ei ladd gan ddau fachgen oedd yr un oed â'r ddau yn Edlington. Plant yn lladd plant yn ein cymdeithas fodern, addysgiadol, 'soffistigedig' ni.

Ac mae'r erchyllterau hyn yn adlewyrchu tswnami o ymddygiad gwrthgymdeithasol presennol na ellir ei wrthsefyll. Methiant enbyd fu pob ymgais i rwystro'r fath ymddygiad, ac ofer fu holl ddatganiadau ac addewidion y Llywodraeth.

Cafwyd trafodaeth frwd ynghylch achos neu achosion yr erchylltra, ac ynglŷn â'r ffordd o ddelio â'r sefyllfa. Yn y diwedd, gorfodwyd yr arweinyddion i gyfaddef nad oedd ganddynt ateb; a gorfu iddynt ddweud mai drygioni (*'evil'*) oedd wrth wraidd y cyfan.

Rhyfedd hynny, oherwydd aeth geiriau fel 'drygioni' a 'phechod' allan o fasiwn. Cymaint felly, nes i'r seiciatrydd Americanaidd blaenllaw, Karl Menninger, ofyn yn nheitl un o'i lyfrau, *Whatever happened to Sin?* Wel, mae pechod nôl ar yr agenda, gan fod rhaid wrth y gair i ddisgrifio erchyllterau ein dydd.

Fel ateb parod, ac fel ffordd i'w hesgusodi eu hunain, mae pobl yn gweiddi: 'Gwallgofrwydd. Mae'n rhaid eu bod yn wallgof i fedru troseddu mor enbyd a didrugaredd.' Ond camgymeriad mawr yw gosod y bai ar y claf o feddwl. Oherwydd mae ymchwiliad Gunn a Taylor yn dangos yn glir nad y seicotig sy'n cyflawni'r erchyllterau hyn fel arfer. Rhaid cydnabod mai clefydau y gellir eu trin yn llwyddiannus yw'r claf o feddwl a seicosis.

Trown i ystyried y cyflwr sy'n cael ei alw'n 'Seicopathi'. Ceir cytundeb eang y gellir galw'r bechgyn a'r merched hyn yn 'seicopathiaid'. Pobl â phersonoliaethau damweiniol ydynt. Maent yn hollol hunanol, yn gwbl anystyriol, yn gwbl ddideimlad, heb unrhyw euogrwydd, yn hollol anfoesol, yn amharod i ddysgu oddi wrth eu camgymeriadau, yn tueddu i ailadrodd eu troseddau, ac yn fynych hefyd yn lladd. Dyna ddisgrifiad clir o'r ddau ellyll bach o Edlington a llofruddion James Bulger, er mai plant ifainc oeddent pan gyflawnwyd eu troseddau.

Bu'r Seicopath yn broblem oesol, a chaed dadlau rhwng meddygon ac offeiriaid ynglŷn â'i gyflwr a phwy oedd yn gyfrifol amdano. Cafwyd dadl ddiweddar rhwng gwleidyddion a'r seiciatryddion hefyd ynghylch yr un mater. Pwysai'r gwleidyddion ar y seiciatryddion i orfodi'r seicopathiaid i fynd i mewn i'r ysbyty, ar y sail eu bod yn beryglus, hyd yn oed cyn iddynt gyflawni'r un drosedd. Ceir anghytundeb hefyd rhwng y seiciatryddion â'i gilydd, gyda'r mwyafrif yn credu nad oes yna driniaeth feddygol na seicolegol ar gael ar hyn o bryd.

Yn y cyswllt hwn, mae'n werth i ni ein hatgoffa'n hunain mai'r hyn a alwyd yn 'Seicopathi' am oddeutu canrif oedd 'Gwallgofrwydd Moesol' (*Moral Insanity*).

Ac yn y bôn, cyflwr moesol yw 'Seicopathi', sef drygioni neu bechod. Nid rhyfedd felly na allodd y camau cymdeithasol a gymerwyd gan y Llywodraeth, na hyd yn oed y driniaeth feddygol-seicolegol, drin y cyflwr hwn yn llwyddiannus. Dim ond meddyginiaeth y Duw Sanctaidd, cariadlon a maddeugar a fedr ddelio â drygioni a phechod. *Evil is back*; ac felly '*God is back*', chwedl John Micklethwait ac Adrian Wooldridge yn nheitl eu llyfr diweddaraf.

'Trwy'r brynedigaeth gaed ar Galfarî' yn unig y gellir glanhau drygioni a phechod. A diolch nad oes neb, pa mor ofnadwy ei gyflwr, y tu allan i gylch cariad achubol y Crist a fu farw trosom.

Gwyliwn rhag sôn am 'nhw' a 'ni'. Cofiwn mai o'r un ddynoliaeth ydym. Ac nac anghofiwn chwaith bod tipyn o'r seicopath ynom i gyd; 'Pawb a bechasant ac ydynt yn ôl am ogoniant Duw'. Heddiw fel erioed, y gwir yw mai ein hunig obaith ni oll yw'r ffaith mai'r Iesu 'a wared ei bobl oddi wrth eu pechodau', ac mai 'gwaed Iesu Grist ei Fab Ef a'n glanha ni oddi wrth bob pechod'.

# Crud, Croes a Choncwest

Crud, Croes a Bedd Gwag: dyma dri symbol arbennig y Ffydd Gristnogol. Y cyntaf ohonynt o ran amseriad yw'r Crud, sy'n awgrymu na fyddai Croes na Choncwest y Bedd Gwag hebddo. Dyma felly'r cam cyntaf yn nhrefn Duw i achub y byd. Ac adeg y Nadolig, yr hyn y dylem ei wneud yw cofio am wir arwyddocâd yr ŵyl hon sy'n ein hatgoffa am wyrth fwyaf holl hanes dyn – yr Ymgnawdoliad.

Cofiwn am y Crud a lanwyd gan y baban Iesu ym Methlehem Jwdea y Nadolig cyntaf. Ac er yr holl amheuaeth sydd gan rai ynglŷn â'r lle a'r modd a'r pryd, y ffaith syfrdanol, hanesyddol yw bod Duw wedi dod yn y cnawd i'n byd ni. Yn ei gariad anhraethol, rhoddodd Duw Dad ei unig-anedig Fab i'r byd a garai gymaint. Yn ddiau, y prawf o faint ei gariad tuag atom yw ei aberth cyntaf hwn o roi ei Fab i'r byd.

Meddylied pob mam a thad am y foment honno pan fu raid iddynt adael i'w plentyn adael cartre' am y tro cyntaf, a dyna i chi gipolwg ar yr hyn a olygai i Dduw roi ei unig Fab i'r byd. Ac yn arbennig felly pan gofiwn fod Duw'n gwybod y byddai ei Fab yn cael ei wrthod, a'i osod ar Groes i farw dros bechodau'r byd, a'i gladdu mewn bed, i atgyfodi ar y trydydd dydd er concro angau a phechod.

Oherwydd ei gariad mawr at y byd y rhoddodd y Tad ei unig-anedig Fab ac y bodlonodd y Mab i ddod a thorri ffiniau amser a lle, a chymryd ein natur ni arno'i hun ac wynebu'r un treialon a themtasiynau â ni, ond heb bechu. Disgrifia'r bardd R. S. Thomas y foment yn drawiadol yn ei gerdd *'The Coming'*:

*And God held in His hand*
*A small globe. Look, he said.*
*The Son looked. Far off,*
*As through water, he saw*
*A scorched land of fierce*
*Colour ...*
*.... The Son watched Them.*
*Let me go there, he said.*

Dyma'r Ymgnawdoliad; yr Immanuel; Duw gyda ni.

Fel y dywed Ioan: 'Yr hyn oedd o'r dechreuad, yr hyn yr ydym wedi ei glywed, yr hyn yr ydym wedi ei weld â'n llygaid, yr hyn yr edrychasom arno, ac a deimlodd ein dwylo, ynglŷn â gair y bywyd, dyna'r hyn yr ydym yn ei gyhoeddi' (1 Ioan 1:1). Dyma fateroliaeth fendigedig yr Efengyl, i wrthsefyll y fateroliaeth a'r seciwlariaeth sy'n crogi meddyliau dynion rhag gweld mawredd ac unigrywiaeth (*uniqueness*) y ffaith fendigedig i Dduw ddyfod yn y cnawd.

Mewn cyfnod pan yw seciwlariaeth yn tagu'r Ffydd, a gwyddoniaeth yn mynd yn fwy dogmatig a haerllug wrth gellwair ei bod yn gwybod y cyfan, rwy'n ofni y gwelwn ni Gristnogion yn dechrau sôn mwy a mwy am ryw fath o Gristnogaeth *wishy-washy*, wan, ddi-asgwrn-cefn a diddim, fel petaent yn ceisio cymeradwyaeth y byd.

Ymddengys i mi bod llawer o wendid ein sefyllfa bresennol yn codi o'n parodrwydd i gyfaddawdu gormod â'r byd, ac o'n gorawydd i gael y byd i dderbyn yr Efengyl ar ei delerau ei hun. Rhaid cofio y bydd yr Efengyl bob amser yn dramgwydd i'r Iddew ac yn ffolineb i'r Groegwr. Dyna bwyslais Saunders Lewis yn saithdegau'r ganrif ddiwethaf, ac erys ei eiriau'n wir am y sefyllfa gyfoes: 'Ein nod fel cenedl ydyw goddef pob dim er mwyn aros bob un mor gysurus a di-helbul ag y gallo. Nid oes gennym syniad beth a olygir wrth "ddigofaint sanctaidd" … oblegid nad yw ffydd ddim yn fywiol mwyach, ond yn beth parchus a bras'.

Ond, mewn gwirionedd, yr hyn y dylem ei wneud yw lleisio'n ddi-flewyn ar dafod ein cred yn y Duw byw:

Credaf yn un Duw, Y Tad Hollalluog, Gwneuthurwr nef a daear, ac yn un Arglwydd Iesu Grist, Unig-genedledig Fab Duw, yr hwn er ein mwyn ni ddynion ac er ein hiachawdwriaeth a ddisgynnodd o'r nefoedd.

Dyna sail ein cred, ac Ef sydd i deyrnasu, beth bynnag a ddywed '*deluded* Dawkins' a 'hanner call Hawkins'. Cyn fy meirniadu am ddweud hyn, cofiwch mai Gair Duw a rydd y ddedfryd hon: 'Dywed yr ynfyd ynddo'i hun, "Nid oes Duw"' (Salm 14:1).

Dyma sail ein ffydd. Dyma a gredodd yr apostolion a dilynwyr cynnar Crist ar y ddaear, a dyma a gredodd ei ddilynwyr – a'r merthyron a'r cenhadon – dros y canrifoedd: John Penry, Ann Griffiths, Williams Pantycelyn a Hywel Harris. A dyma'r gred a'r profiad y gall y lleiaf a'r mwyaf ohonom eu meddiannu a'u cofleidio – y rhyddhad a ddaw o 'dderbyn' Crist fel Mab Duw a Gwaredwr y byd.

Gwn am efrydydd o Galfinydd oedd yn mynychu capel lle'r oedd y gweinidog â daliadau diwinyddol modern iawn. Sgwrsiai'n aml â'r gweinidog yn ei dŷ. Ac wrth iddynt sgwrsio felly un Nadolig, nid syndod iddynt drafod yr Ymgnawdoliad a'r enedigaeth wyrthiol. Dywedodd y gweinidog wrth yr efrydydd ifanc ei fod yn rhy ddeallus i gredu nonsens o'r fath, a rhoddodd lyfryn yn ei law. Ni ddiffoddwyd y golau cyn i'r efrydydd orffen darllen y llyfr, ac erbyn hynny, yn ei eiriau ef ei hun: 'Yr oedd pob peth a gredais yn deilchion am fy mhen. Ceisiasai'r awdur ddryllio athrawiaeth "y Geni gwyrthiol" yn gyrbibion mân. Methais gysgu'r noson honno; yr oedd fel petai holl sail fy mywyd a'm credo wedi'i ddarnio a'i ddymchwel.'

Ond yn rhyfedd, nid felly y bu. Aneirin Talfan Davies oedd yr efrydydd hwnnw a ddaeth nid yn unig yn un o'r dynion mwyaf dylanwadol yng Nghymru, fel darlledwr a phennaeth y BBC yng Nghymru, ond hefyd yn Gristion defosiynol cywir a duwiol. Nid oedd modd i'w fywyd fod yr un fath wedyn. Ac ni fu, oherwydd yn oriau mân y bore hwnnw – diolch i Dduw – cychwynnodd ei bererindod ysbrydol. Erbyn ysgrifennu ei brofiad dwfn flynyddoedd wedyn, medrai'r Cristion diwylliedig, mwyn hwn dystio'n eofn: 'Heddiw rwy'n sicr mai'r Ymgnawdoliad yw sail y Ffydd Gristnogol'.

Dros y blynyddoedd diwethaf deuthum innau hefyd i weld fwyfwy bwysigrwydd yr Ymgnawdoliad. Yn gyntaf, dyma aberth cyntaf y Tad nefol – gollwng ei Fab, ei unig-anedig Fab i ddod i'n byd. O'r fath gariad anfeidrol! Yna, sylweddoli, heb yr Ymgnawdoliad nad oes Efengyl; nad oes angylion na neges o ewyllys da i ddynion; nad oes Croes na bedd gwag; ac nad oes iachawdwriaeth na gobaith i ddynolryw.

Er bod fflam ffydd yn llosgi'n isel yn ein gwlad, diolch am gael gweld lluoedd dros y byd, o bob lliw ac iaith yn tyrru i'r gwasanaethau fore'r Nadolig hwn. Ar eu gwefusau mae cân yr angylion, ac yn eu calonnau hyder digywilydd eu cred yn Nuw Dad Hollalluog ac yn Iesu Grist ei unig Fab, ein Harglwydd a'n Gwaredwr ni, yr hwn a gnawdiwyd trwy'r Ysbryd Glân o Fair Forwyn.

Yng nghanol hwyl a miri masnachol y Nadolig hwn, O am i bob Cristion atgoffa un neu ddau arall – yn y cartre' neu'r gwaith, neu wrth brynu anrheg – am wir arwyddocâd yr ŵyl, sef bod Duw wedi dod mewn cnawd yn ffurf Iesu Grist, 'fel na choller pwy bynnag a gredo ynddo Ef ond caffael ohono fywyd tragwyddol'. Ac os gwnewch chi hynny, beth fydd yr ymateb, tybed? Rhowch wybod!

# Gras a gwirionedd a ddaeth ...

Bûm yn trafod y Deg Gorchymyn mewn erthyglau yn *Y Pedair Tudalen* yn ddiweddar [yr erthyglau a welir ar ddechrau'r gyfrol hon] , gan ryfeddu mor berthnasol ydynt i ni heddiw. Dros y Nadolig, buom yn cofio am ddyfodiad ein Gwaredwr, Iesu, i'n byd, a theg gofyn a newidiodd hyn safle a phwysigrwydd Y Deg Gorchymyn yn ein byw ni. Mae'n bwysig nodi, felly, mai yn union wedi cyhoeddi'r Gwynfydau, canllawiau newydd fel petai, y dywedodd Iesu'r geiriau canlynol, 'Peidiwch â thybio i mi ddod i ddileu'r Gyfraith na'r proffwydi; ni ddeuthum i ddileu ond i gyflawni' (Mathew 5:17). Ac fe'u cyflawnodd hwy'n berffaith. Ef oedd yr unig berson a lwyddodd i wneud hynny, oherwydd ar wahân iddo ef, 'yr Oen difai', 'pawb a bechasant'. Ac am mai'r 'Oen difai' oedd ef, medrai 'farw drosom ni'. Diolch iddo.

Dod i farw a wnaeth Iesu; ond marw er mwyn i eraill gael byw: 'marw i brynu'n bywyd ni'. A gwyddom ein bod wedi ein hachub, nid trwy gadw'r Gyfraith, ond trwy gredu fod Iesu wedi cadw'r Gyfraith yn llawn er ein mwyn, a'i fod wedi tywallt ei waed yn bridwerth drosom. I bob dyn, pwy bynnag y bo, a pha mor bwysig bynnag ydyw yn ei olwg ei hun, dyna'r cam hanfodol cyntaf at yr Iachawdwriaeth, 'oherwydd y maent oll wedi pechu, ac yn amddifad o ogoniant Duw' (Rhufeiniaid 3:23).

Fel y dengys Iesu, os ydym ninnau am ddilyn y Meistr, rhaid i ni hefyd geisio cadw a chyflawni'r Gyfraith. Ond daeth Iesu â grasusau uwch. 'Oherwydd trwy Moses y rhoddwyd y Gyfraith, ond gras a gwirionedd, trwy Iesu Grist y daethant' (Ioan 1:17). Y prawf ein bod yn credu ynddo ac yn Ei ddilyn yw ein bod yn dangos y nodweddion hyn – gras a gwirionedd – yn ein cerddediad. Rwy'n cyfaddef ei bod yn anodd gennyf ddelio â gras fel cysyniad diwinyddol, er gwybod un diffiniad ohono fel 'cariad diderfyn tuag un hollol anhaeddiannol'. Ond gwn i sicrwydd pan amlyga gras ei hun mewn dyn. Gwelais amlygu'r gras hwn mewn gweinidog enwog, poblogaidd ond balch a gafodd dröedigaeth ryfeddol yng nghanol ei weinidogaeth gyhoeddus, ac a wnaed wedi hynny yn dyner a thosturiol a chariadus. Cafodd y ffaith hon ei chadarnhau mewn ysgrif goffa iddo yn *Y Tyst*. Gwelais amlygu'r gras hwn eto mewn meddyg enwog, pan fûm yn dyst i ddyn galluog, nerthol, balch a beirniadol yn cael ei droi'n ŵr mwyn, tosturiol, mwy hoffus a hefyd mwy dylanwadol. Ar wahân i fod yn dyst ffyddlonach i'r Meistr, mae'r dyn neu'r fenyw rasol bob amser hefyd yn fwy dylanwadol.

Yn yr Hen Destament, cawn esiampl dda o ras yn yr hanesyn am Meffiboseth. Mae'r frwydr drosodd, a disgwylir i'r buddugol ddinistrio'r gelyn yn llwyr. Ond yn awr ei fuddugoliaeth fawr dros Saul y mae'r Brenin Dafydd, yn rhyfedd iawn, yn gofyn a oedd neb o deulu'r colledwyr a'i elynion 'ar ôl'. Deuant o hyd i un 'bachgen cloff', mab i Jonathan, ŵyr i Saul. Mae'r byddinoedd yn tybio bod y brenin buddugol am ei gosbi, os nad ei ladd. Ond 'Na, na', meddai Dafydd, 'A oes unrhyw un ar ôl o deulu Saul erbyn hyn, imi wneud caredigrwydd ag ef er mwyn Jonathan?' (2 Samuel 9:1). A mwy na hynny, nid yn unig arbed ei fywyd ond adfer iddo ei eiddo, a'i wahodd i eistedd wrth fwrdd y brenin ei hun. Dyma wir fawredd. Dyma adlewyrchiad o ras Duw. Ac yn ei ras, a thrwyddo, y gadawodd y Tad Nefol i'w Fab ddod i'n byd, i fyw a chadw'r Gyfraith ac i fod yn barod hefyd i roi ei einioes trosom.

Ar ddechrau blwyddyn newydd derbyniwn o'r newydd o'i ras; credwn ynddo fel Mab Duw a'n Ceidwad; a cheisiwn fod yn fwy tebyg iddo, fel y medrir dweud am bawb ohonom ni, 'Yr wyt yn decach na phawb; tywalltwyd gras ar dy wefusau, am i Dduw dy fendithio am byth' (Salm 45:2).

# Bryn Calfaria

Ar fore Sul y mis diwethaf, â'r haul yn gwenu trwy ffenestr liw Cadeirlan Llandaf, yn awgrymu fod y Gwanwyn yn agos, penliniais i dderbyn y bara a'r gwin, a chlywais eiriau'r Iesu, 'Gwnewch hyn er cof amdanaf'. Cofiais am ei aberth drud, y corff a dorrwyd trosof a'r gwaed a dywalltwyd trosof. Nid arferiad bach hynafol oedd y cofio hwn, ond cof real am y weithred fawr aberthol yr ydym yn byw arni'n feunyddiol.

Clywais sŵn yr organ fawreddog newydd yn dechrau seinio nodau anthem Vaughan Williams, ac yna'r côr yn canu geiriau gogoneddus Pantycelyn, 'Gwaed dy groes sy'n codi i fyny'r eiddil yn goncwerwr mawr'. Yn eiddil a gwan y teimlwn innau'r bore hwnnw, 'heb feddu dim, ond dadlau rhin dy aberth Di', 'a'm cnawd ddim ond gwellt, a'm hesgyrn ddim ond clai'.

Cerddais yn araf yn ôl i'm sedd yng nghanol y Gadeirlan tra canai'r côr, 'Gwaed dy groes sydd yn darostwng cewri cedyrn fyrdd i lawr'. Cofiais am y balch a'r mawr, y cryf a'r nerthol a ddarostyngwyd a'u newid, eu glanhau a'u hiachau trwy nerth y Gwaed. Pryderais fod eraill yn parhau yn eu balchder ac yn gwrthod yr iachawdwriaeth rad, ac yn wir yn para i wawdio a hyd yn oed watwar i'r diwedd eithaf, gan ddatgan mai Rabi Iddewig yn unig oedd Iesu Grist, a'i Efengyl yn rhywbeth wedi ei herwgipio gan Paul. Dim Croes a dim Gardd yr Atgyfodiad.

A'm hateb i'r fath honiadau ffals yw eiddo Pantycelyn yn y geiriau nesaf a ganodd y côr wrth i mi benlinio yn fy sedd:

Ymddiriedaf yn dy allu,
   mawr yw'r gwaith a wnest erioed;
ti gest angau, ti gest uffern,
   ti gest Satan dan dy droed.

Codais fy mhen a syllu ar Y Majestws, cerflun alwminiwm-bwrw Epstein a adeiladwyd yn 1957. Mae'r Majestws yn arwydd o adferiad buddugoliaethus Cadeirlan Llandaf, a'i gwnaeth yn un o'r eglwysi godidocaf yn y wlad wedi iddi gael ei difodi gan fomiau'r gelyn yn 1941. Ond mwy, llawer mwy na hyn, mae'r Majestws yn arwydd ac yn atgof cyson o Atgyfodiad y Crist a'r ffaith mai Ef sydd i lywodraethu, a'i fod wedi concro angau ac uffern, Satan a phechod. Dyma'r 'Concwerwr Mawr'.

## Concwerwr Angau

Angau yw'r gelyn olaf a wyneba pob dyn. Nid oes dianc rhagddo. Er holl ddyfeisiadau gwyddoniaeth, marw yn y diwedd yw tynged pawb. Y ffaith mai meidrol ydyw yw un o'r galluoedd sy'n caethiwo ac yn peri pryder parhaus i ddyn. Nid yw'r secwlariaeth ymosodol bresennol, a'r fateroliaeth ronc, ond yn cynyddu'r pryder dirfodol hwn. Nid oes gan feddyginiaeth na gwyddoniaeth ateb chwaith, er eu holl allu i wneud i ddyn fyw'n hirach. Ceisiodd crefyddau cyfrin y Dwyrain gynnig ymwared rhag meidroldeb, ac yn aml cysylltid hyn â rhythm y tymhorau. Addolid y duw hwnnw o dan nifer o enwau, megis Dionysios, Perseffone, Osiris a Mithras. Un o'i elfennau canolog oedd myth y duw sy'n marw ac yn cyfodi. Ond nid chwedl ofer yw Atgyfodiad Iesu o Nasareth, ond ffaith a ategwyd gan lygad-dystion, ac a brofwyd gan fywydau'n cael eu newid, megis y dyrnaid o bysgotwyr ofnus o Galilea a drodd fyd gwatwarus wyneb i waered. Ac y mae'r Groes a'r Atgyfodiad wedi diddymu marwolaeth, ac wedi dod â bywyd ac anfarwoldeb i'r golau trwy'r Efengyl. Ac y mae'r Efengyl honno wedi ei phregethu ers 1,400 o flynyddoedd ar y llecyn yr oeddwn i'n penlinio arno'r bore Sul o'r blaen. Mae'r gwirionedd hwn mor berthnasol heddiw ag y bu erioed, ac mae'n dal yn rym.

## Concwerwr Pechod

Dyma allu arall sy'n caethiwo dyn, er na fyn ei alw'n 'bechod' mwyach. Ond oherwydd ymddygiad erchyll y dyn modern soffistigedig, gorfu iddo ei dderbyn yn ôl ar yr agenda. Mae pydredd eang ein cymdeithas, y gwleidyddion, y bancwyr, y newyddiadurwyr, pobl byd y campau a'r Eglwys, yn brawf huawdl o barhad y broblem ddyfnaf un. A'r broblem honno yw pechod, yn hytrach nag afiechydon neu anfoesoldeb neu unrhyw beth arall ym mywyd ein cenedl. Ac nid oes gan neb ateb i'r cyflwr ond y Crist croeshoeliedig, atgyfodedig, bendigedig.

## Concwerwr Satan

Bu dadlau brwd ynghylch bodolaeth Satan, er na chafodd y byd lawer o drafferth i'w dderbyn fel realiti o weld y lluoedd yn mynd i'r sinemâu i weld yr *Exorcist* a'r ffilmiau tebyg a'i dilynodd yn ystod y blynyddoedd diweddaf. Er i Gwenallt ganu 'Nid oes na diafol nag uffern dan loriau papur ein byd', rhaid cyfaddef nad profiad goddrychol yn unig yw drygioni, ond ffaith wrthrychol. Un o'r elfennau amlwg yng ngweinidogaeth yr

Arglwydd Iesu ar y ddaear oedd bwrw allan gythreuliaid, ac yn y Testament Newydd y mae angau ac atgyfodiad Crist yn fuddugoliaeth dros alluoedd y tywyllwch a Satan.

Ac wele gôr y Gadeirlan wedyn yn ategu hyn; 'Ti gest Satan dan dy droed', ac yna'n gorffen mewn gorfoledd pur, 'Pen Calfaria, nac aed hwnnw byth o'm cof'.

Wrth eistedd yn dawel cyn gadael y Gadeirlan, gan wybod i mi'r bore bendigedig hwnnw 'deimlo awel o Galfaria fryn', sylweddolais o'r newydd – er bod yr Angau a'r Atgyfodiad yn ffeithiau hanesyddol ac ysgrythurol – mai'r cwestiwn hollbwysig a wynebwn i oedd a oeddent yn ffeithiau personol i mi.

Nid yw'n ddigon cydsynio â'r ffeithiau hanesyddol ac ysgrythurol, er bod hynny'n ddechreuad da. Mae'n rhaid i'r unigolyn ei hun gredu yn y Crist fel Gwaredwr a chyfranogi'n ysbrydol o hunanaberth Iesu a chymdeithasu ag ef: rhannu 'cymdeithas ei ddioddefiadau Ef, a nerth ei atgyfodiad,' chwedl Paul. Diolch am fedru credu a chyfrannu.

Beth a wnewch chi â'r Iesu hwn?

# Mab a roddwyd i ni

Un o uchafbwyntiau'r flwyddyn ddiwethaf oedd genedigaeth baban, rhodd o fab i Ddug a Duges Caergrawnt. Roedd erthygl olygyddol y *Times* (gyda'i sarhad neu broffwydoliaeth) yn tybio y byddai'r mab hwn ryw ddiwrnod yn Frenin Lloegr (*The Times*, Gorffennaf 23, 2013). Yn wir, dyna deitl yr erthygl, 'Ganwyd Brenin y Dyfodol'. Cyfaddefa'r awdur y bydd rhaid i'r frenhiniaeth gadw golwg fanwl ar ymddygiad ac ymateb y bobl, a chydnabod fod yna ffin i'w hamynedd tuag at un a freintiwyd yn ddamweiniol trwy ei enedigaeth i fod yn frenin, yn hytrach na chael ei ethol i'w orsedd. Ac yntau'n berchen ar balasau a llaweroedd o dai mawr, mae llaweroedd o'i ddeiliaid (fel y bu'r Arglwydd Iesu ei hun) heb le i roi eu pen i lawr. Mae'r teulu hwn yn meddu ar gyfoeth diderfyn tra bo miloedd o bobl y wlad yn methu â chael dau ben llinyn ynghyd. Y gagendor mawr hwn, sy'n cynyddu'n ddyddiol, yw'r bygythiad mwyaf fflamllyd i heddwch yn ein cymunedau. Dyna a brofwyd gan y terfysg diweddaraf yn Llundain, ac fe erys y bygythiad os na chaiff y sefyllfa hon ei chywiro. Ond gwyddom fod gan y tywysog newydd hen fam-gu fedrus iawn, sy'n sicr yn fwy clyfar na bron pob un o'r prif weinidogion a'i gwasanaethodd, fel y dengys y ddrama *The Audience.* Fe all hi ddysgu llawer iddo. Ac am 'nawr, diau y llwydda hi a'i disgynyddion, fel Y Brenin Magnus yn nrama Bernard Shaw, *The Applecart,* i ennill pob dadl a brwydr yn erbyn pob Boanerges o arweinydd a gais gael gwared â'r frenhiniaeth.

Ond mae'r digwyddiad hwn, sef genedigaeth y baban brenhinol a'r mab a roddwyd i William a Kate, yn ein hatgoffa am Faban arall a anwyd i ni, a'r Mab a roddwyd i ni, sef Mab Duw ei hun. Dyma act fawr, y fwyaf yn hanes y ddynolryw: Duw'r Creawdwr, oherwydd ei gariad angerddol tuag atom ni, drueiniaid gwael y llawr, yn anfon ei Fab ei hun i'n byd. 'Canys felly y carodd Duw y byd fel y rhoddodd efe ei unig anedig fab, fel na choller pwy bynnag a gredo ynddo Ef ond caffael ohono fywyd tragwyddol' (Ioan 3:16). Wele Fab Duw yn dod yn Fab y Dyn er mwyn i feibion dynion ddod yn feibion Duw. Halelwia!

Ac yn sicr, gweithred bwysig oedd enwi baban William a Kate yn George, yr un enw â thad y frenhines bresennol a garai ei thad gymaint. A phwysig ac arwyddocaol yw enw Mab Duw hefyd; 'a gelwi ef Iesu, am mai ef a wareda ei bobl oddi wrth eu pechodau' (Mathew 1:21). Dyma waredwr y byd.

Ac os cred y *Times* i'r baban George gael ei eni i fod yn Frenin Lloegr ryw ddiwrnod, yn sicr mae'r Iesu – fel y tystia'r holl Ysgrythurau – heb os nac oni bai wedi ei eni i fod yn Frenin y Brenhinoedd ac Arglwydd yr Arglwyddi. 'Rhaid iddo Ef deyrnasu,' medd yr apostol Paul (1 Corinthiaid 15:25). Ac ar ei lywodraeth Ef ni fydd diwedd. Ac mewn byd lle nad oes arweinyddiaeth sicr, a lle profwn ffalsrwydd yr eilunod modern, sylweddolwn fwy a mwy o'r newydd wirionedd geiriau'r Ysgrythur, 'nid oes enw arall dan y nef wedi ei roi i'r ddynolryw, y mae'n rhaid i ni gael ein hachub drwyddo' (Actau 4:12).

Os oes unrhyw un neu unrhyw beth arall sy'n deilwng o'n haddoliad, rhowch wybod amdano! Gyda'r weniaith a ddangoswyd at Nelson Mandela yn ei farwolaeth, nid oedd yn syndod i ni y byddai rhywun yn y diwedd yn ceisio'i gymharu â Christ. Ac yn wir, dyna a wnaeth y BBC yn ffurf Evan Davies, cyflwynydd rhaglen *Today* Radio 4. Cyfaddefwn mai ar ffurf cwestiwn y daeth y sylw, ond crybwyllwyd y dylai Mandela gael ei gyfrif cyfuwch â Christ. Diolch i gyn-arlywydd yr Unol Daleithiau, Jimmy Carter, am wfftio'r fath syniad gyda phendantrwydd. Er iddo gydnabod Mandela yn gawr o arweinydd, pwysleisiodd ef hefyd mai dyn diffygiol ydoedd ond bod Iesu Grist yn Fab Duw, yn wir yn Dduw yn y cnawd. Ein dyled a'n dyletswydd ni fel dilynwyr ac addolwyr y Crist Byw hwn yw cyhoeddi i bawb a allwn ei ddyfodiad i'n byd. Dyna a wnaethpwyd pan anwyd y baban brenhinol. Wedi cymryd ychydig amser i ddathlu ei ddyfodiad ar eu pen eu hunain fel teulu bach, rhannwyd y newydd am ei enedigaeth â chyfryngau'r byd. Mae'n ddyletswydd arnom ni Gristnogion i floeddio gerbron y byd, yn enwedig ar ŵyl y Geni, wir ystyr ac arwyddocâd yr ŵyl, sef dyfodiad Mab Duw i'n byd. Wrth ddatgan y newyddion da am ddyfodiad y Baban Iesu – Duw yn y cnawd – deuwn â gobaith iachawdwriaeth a goleuni i fyd colledig, tywyll, du. Dangoswn mewn gair a gweithred bod y newydd am Iesu'n real a pherthnasol i'n byd heddiw.

Oherwydd iddo fod ar ffurf Duw a heb gyfrif bod cydraddoldeb â Duw yn beth i'w gipio, ac iddo ei ddarostwng ei hun, a chael ei ddyrchafu gan Dduw, a roddodd iddo'r enw goruwch pob enw, ein gweddi daer ar ran ein byd ar ddechrau blwyddyn newydd (fel adeg y Nadolig) yw y gwelwn yn ein gwlad bob glin yn plygu wrth enw Iesu a phob tafod yn cyffesu fod

Iesu Grist yn Arglwydd er gogoniant Duw Dad (seiliedig ar Philipiaid 2:6-11).

Tystiwn wrth ein teulu, ein ffrindiau, ein cymdogion a'r bobl y cyfarfyddwn â hwy am Iesu, rhodd Duw mewn mab i'n byd, i fod yn geidwad i'r colledig ac yn frenin pob enaid ac yn fywyd tragwyddol i bawb a gredo ynddo.

Brenin tragwyddoldeb ydyw,
  Llywodraethwr daer a ne';
byth ni wêl tylwythau'r ddaear
  Geidwad arall ond efe;
        mae e'n ddigon,
  y tragwyddol fywyd yw.


'Diolch iddo byth am gofio llwch y llawr.'

# 'Troedigaeth' Quade Cooper

Uchafbwynt gemau rygbi tymor yr hydref 2013 oedd gêm Cymru ac Awstralia. Y Cymry'n disgwyl ennill wedi buddugoliaeth y Llewod yn Awstralia yn gynharach yn y flwyddyn; tua deg o dîm llwyddiannus y Llewod yn nhîm Cymru; ond yr un hen stori a gafwyd. Colli a wnaeth Cymru, a dim o'r esgusodion arferol y tro hwn am fod tîm Awstralia nid yn unig wedi ennill ond wedi chwarae'n rhyfedd o dda ac yn llawn steil.

Seren y gêm, a'r un oedd yn bennaf cyfrifol am y fuddugoliaeth, oedd maswr Awstralia, Quade Cooper. Roedd hynny'n syndod braidd o gofio na chawsai ei ddewis i wynebu'r Llewod am ei fod yn ddylanwad gwenwynol ymysg y chwaraewyr ac yn achosi diflastod mawr i'r hyfforddwr trwy fod mor hunanol a narsisaidd, gan chwerwi pawb a phopeth. Roedd pawb yn cydnabod ei fod yn chwaraewr talentog, ond gwelwyd hefyd fod ei bersonoliaeth a'i ymddygiad hunanol, ymosodol yn chwalu undod y tîm ac yn effeithio'n enbyd ar berfformiad ei gyd-chwaraewyr.

Ond bellach, wedi iddo gael cyfle arall gan hyfforddwr newydd, mae nid yn unig yn chwarae'n ddigon da i gael ei ddewis yn seren y gêm ond mae ei hyfforddwr – ar gais y chwaraewyr eraill – wedi ei ethol yn is-gapten. Mae Quade wedi newid yn gyfan gwbl. Arferai fod yn hunanol a narsisaidd, ond mae bellach yn meddwl am eraill ac yn helpu aelodau eraill y tîm. Mae'n dawelach erbyn hyn, a phan yw'n siarad mae'n helpu ac annog yn hytrach na gwenwyno. Nid ei hyfforddwr a'i gyd-chwaraewyr yn unig sydd wedi sylwi ar y newid mawr yn ei ymddygiad, ond newyddiadurwyr profiadol ac anodd eu plesio. Wrth dystio i'r newid mawr ym mhersonoliaeth ac ymddygiad Cooper, awgrymodd un newyddiadurwr enwog na fyddai'n synnu clywed fod Quade Cooper yn Gristion ail-anedig. Mae'r awgrym hwn gan newyddiadurwr caled, profiadol yn wers fawr i ni sy'n ein galw'n hunain yn Gristnogion ail-anedig sydd wedi ein hachub.

Dyma rywun o'r byd yn ein hatgoffa fod y byd yn derbyn y gall dyn gael ei aileni oddi uchod, trwy rym yr Ysbryd Glân, a chael ei newid – ei greu o'r newydd – wrth gredu yn Iesu Grist. A'r credu hwnnw yw credu ei fod yn Fab Duw ac iddo farw ar groes Calfaria trosom, i'n glanhau oddi wrth ein pechodau a'n cymodi â'r Duw cyfiawn. Ar yr un pryd, fe'n hatgoffir y disgwylir i ni, os ydym yn tystio ein bod yn Gristnogion ail-anedig, fyw'n debyg i'n Harglwydd, fel creadigaethau newydd. Yn lle hunanoldeb, meddwl am eraill; yn lle colli tymer, pwyllo; yn lle ymosod, maddau i elyn, hyd yn oed pan yw'r gelyn hwnnw'n ddyn neu ddynes sy'n rhwystr i'n dyrchafiad ni; a bodloni ar fod yn dawel mewn grŵp pan yw pawb arall yn beirniadu rhywun arall. Nid y Barnwr Mawr yn unig sy'n ein gweld yn nirgelwch ein meddyliau: y mae pobl y byd yn edrych arnom ac yn disgwyl ymddygiad sy'n adlewyrchu'r hyn yr ydym yn ei gyffesu ar air. Dyma efallai yw'r ffordd fwyaf effeithiol y gall y Cristion gael dylanwad yn y byd sydd ohoni. Mae hyd yn oed bobl mor galed â'r newyddiadurwr hwnnw'n gweld ac yn cael eu denu gan ymddygiad sy'n eu hatgoffa o Iesu. Dyma ble cawn y credinwyr yn llewyrchu allan eu goleuni 'gerbron eraill, er mwyn iddynt weld eich gweithredoedd da chwi a gogoneddu eich Tad, yr hwn sydd yn y nefoedd' (Mathew 5:16).

Yn anffodus, mae llawer yn honni iddynt gael eu haileni ond heb newid o gwbl, ac maent yn ymddwyn yr un mor bechadurus, heb wahaniaeth o gwbl rhyngddynt a phobl y byd. Gwelais hyn yn glir yn fy mhentre' genedigol, sef Penygroes, Sir Gaerfyrddin, a oedd yn gameo fel petai o Gymru gyfan. Roedd yno saith capel, er nad oeddem ond 2000 o drigolion. Ac roedd yno sbectrwm cred. Yng nghanol y pentre', ar 'y scwar' roedd Capel Penygroes yr Annibynwyr cadarn eu cred a chlir eu pregethu o'r Beibl; ac er i bobl hen ac ifanc ddod yn aelodau a derbyn y Cymun, nid oedd sialens agored na sôn am achub, oddieithr yn breifat gan un neu ddau o unigolion. Yr ochr arall i'r pentre' roedd y Deml Apostolaidd a darddodd o Gapel Penygroes wedi Diwygiad 1904; caed pwyslais mawr yno ar achub. Roedd rhan helaethaf yr aelodau'n tystio eu bod wedi eu haileni, wedi eu hachub, ac yn ceisio awgrymu fel y gwna eu tebyg yn aml, nad oedd neb yn wir Gristion heb fod wedi eu hachub. Rhwng y ddau, roedd Calfaria, capel y Bedyddwyr, a Mynydd Seion lle'r oedd cymysgedd, gyda nifer o'r aelodau'n tystio iddynt gael eu hachub ac eraill heb allu tystio â'r un sicrwydd ond yn pwysleisio'r un pryd eu bod yn ddilynwyr ffyddlon i'r Arglwydd Iesu Grist. A druan o'r gŵr neu'r fenyw a fyddai'n mynd i Eglwys Loegr yng Ngorslas: yn ein balchder ni thybiai neb ohonom ni'r capelwyr fod yr un ohonynt yn gadwedig. A beth am y Catholigion yn ein mysg? *Beyond the pale.'* Anobeithiol! Fe barhaodd y meddylfryd hwn ar hyd y ganrif ddiwethaf, ac yn anffodus mae'n para o hyd. Gwn am ddwy chwaer sy'n tystio iddynt gael eu hachub o fewn pythefnos i'w gilydd yn ddiweddar, y naill mewn Eglwys Efengylaidd a'r llall yn y Gadeirlan. Roedd pobl yr Eglwys Efengylaidd yn tystio na allai'r chwaer fod wedi ei hachub am i'r dröedigaeth ddigwydd mewn Cadeirlan ac y dylai hi ymaelodi gyda hwy. Mae'n amlwg fod y ddwy chwaer wedi eu haileni ac yn cerdded yn agos i'w Meistr. Pwy sydd i farnu? Gan Dduw yn unig y mae'r gallu i farnu.

Bydd *surprises* mawr yn y nefoedd, ond credaf, heb os nac oni bai, y bydd y lleianod a gyfarfûm yng Nghrypt y Gadeirlan Gatholig yn Lerpwl yn gweini ar y tlawd a'r digartref, ac yn ysbyty Lourdes yn gweini'n ddi-dâl ar y claf, yno. Dangosodd y rhain i mi beth oedd achubiaeth, beth oedd adnabod yr Arglwydd Iesu Grist fel Gwaredwr ac Arglwydd, wrth i mi wrando arnynt yn addoli a gweddïo a'u gweld yn gweini mor anhunanol ar y claf a'r anghenus.

Wrth gwrs, mae'n rhaid i bawb ohonom ar ein pen ein hunain wynebu'r cwestiwn a ydym wedi ein geni drachefn. Nid oes gennym ddewis; mae'n orchymyn yr Efengyl. Fe wnaed hynny'n glir i ni gan ein Harglwydd yn ei ymddiddan â'r cyfreithiwr Nicodemus: 'Paid â rhyfeddu imi ddweud wrthyt, "Y mae'n rhaid eich geni chwi o'r newydd"' (Ioan 3:7). Trwy'r achubiaeth, trwy'r ailenedigaeth, fe'n dygir i lefel uwch o fywyd trwy gredu yn Iesu Grist, fel y dywed adnod fwyaf mawreddog Y Beibl: 'Do, carodd Duw y byd gymaint, nes iddo roi ei unig Fab, er mwyn i bob un sy'n credu ynddo ef beidio â mynd i ddistryw ond cael bywyd tragwyddol' (Ioan 3:16). Golyga hyn gredu yng nghyflawn weithredoedd Crist, ac yn arbennig yn ei farw aberthol ar Groes Calfaria yn bridwerth trosom ni bechaduriaid.

Erys y cwestiwn i bob dyn byw: a wyt yn credu fel yna, ac yn derbyn dy fod wedi dy aileni dan ddylanwad ei Lân Ysbryd?

Ac yna rhaid gofyn i ni ein hunain: a wyt yn byw yn unol â'r gred hon, yn debyg i Iesu Grist fel y medr hyd yn oed bobl y byd dystio amdanom?

Ni allwn lai na meddwl beth a wnaeth i Quade Cooper newid cymaint nes i'r newyddiadurwr feddwl y gallai fod wedi ei aileni a dod yn Gristion. Rhaid cyfaddef na wn i. Ond cefais awgrym o ddarllen ei eiriau ef ei hun yn disgrifio'r modd y cafodd ei effeithio i'r gwaelodion wrth weld ar y cae chwarae brop Cymru, Paul James, yn y gêm am y trydydd safle yng Nghwpan y Byd 2011, yn gosod ei gorff drosto i'w arbed rhag cael mwy o niwed wedi i Quade ddioddef anaf difrifol a thorri ei goes. Mae'r act hon yn adlewyrchu'r hyn a wnaeth Iesu o'i fodd ar groesbren, sef rhoi ei gorff ei hun i'w dorri dros gleifion pechadurus fel ni. Gweld yr aberth hwn, a derbyn bod Iesu wedi ei roi ei hun yn bridwerth drosom all ein hachub ni.

A welsoch chwi Ef?

A welsoch chwi Ef?

Iesu fy Mhrynwr a'm Duw!

Dros droseddwyr fel myfi

rhoes ei Hun ar Galfari;

trwy gyfiawnder fy Meichiau caf fyw.

# 'Rhwyga'r Nefoedd ...'

Gwelwyd anghrediniaeth haerllug y presennol yn yr ymosod ffyrnig ar y Prif Weinidog Cameron gan lu o ddyneiddwyr megis Yr Athro Jim Al-Khalili, Philip Pullman, Ken Follett, Syr John Sulston, Yr Athro Steve Jones, Dr Simon Singh (a 28 arall yn y *Daily Telegraph*, Ebrill 21, 2014).

Da felly yw sylwi ar yr hyn sy'n digwydd heddiw yng Nghwmbrân, lle mae'r lluoedd yn tyrru i eglwys Victory Church, adeilad eang fel awyrendy mewn parc diwydiannol, lle mae llawer yn tystio iddynt gael tröedigaeth a dod i ffydd yn Iesu Grist – rhai ohonynt yn ddramatig iawn – a llawer eraill yn tystio iddynt gael iachâd trwy weinidogaeth yr eglwys, a rhai o'r rhain hefyd yn ddramatig. Mae'r cannoedd a fu'n mynychu'r cyfarfodydd bob nos yn dipyn o gymysgwch; llawer iawn ohonynt heb fod yn agos i unrhyw gapel nac eglwys erioed; nifer ohonynt (fel arweinydd yr eglwys, Richard Taylor, ei hun) wedi bod yn y carchar, neu'n ddibynnol ar alcohol neu gyffuriau, ac wedi cael help gan Victory Outreach, cenhadaeth arall y mae Richard yn gyfarwyddwr iddi. Ar un o'n hymweliadau, cafodd fy ngwraig a minnau ein croesawu yno'n dwymgalon gan *skinhead* mewn dillad lledr du, gyda thatŵs ar ei wddf a chlustdlws yn ei glust. Dechreuodd yr Ysbryd symud mewn ffordd arbennig yng Nghwmbrân ar Ebrill 10, 2013 er bod Richard Taylor ac Andy Parsons, y ddau fugail, wedi dechrau'r achos ychydig flynyddoedd cyn hynny. Er iddynt gael cyfle i wasanaethu mewn llefydd mwy bras, tystia'r ddau iddynt gael galwad arbennig i wasanaethu yng Nghymoedd Cymru, rhai o ardaloedd tlotaf Ewrop. Eu hamcan oedd plannu 50 o eglwysi o fewn 10 mlynedd. Pan ddechreuodd y tywalltiad a'r cynnydd, dywed Richard i Dduw ei atgoffa o'r addewid a roddodd i'r ddau pan oeddent yn y Coleg Beiblaidd 17 o flynyddoedd yn ôl, sef yr anfonai ddiwygiad yn eu dydd hwy.

Pryd bynnag y digwydd yr anghyffredin, fe gawn yr amheuon a'r cwestiynau. Felly'r oedd hi adeg 'Bendith Toronto' yn 1993; ac felly'r oedd yn wir yn hanes y Diwygiad Cymreig yn 1904 pan anfonodd neb llai na Llywodraeth Ffrainc ddau feddyg blaenllaw – un ohonynt Dr J. Rogues de Fursac yn seiciatrydd – i Gymru i ddadansoddi'r cynnwrf mawr. Eu dedfryd, mewn dau lyfr swmpus a ysgrifennwyd ganddynt, oedd bod y Diwygiad, er yr holl emosiwn, yn hollol ddilys, ac mai ei nodwedd bennaf oedd yr ymdeimlad o bresenoldeb y Duw Sanctaidd, a hynny'n arwain at wir edifeirwch a maddeuant rhad, ac wedi hynny brofiad o heddwch a gorfoledd mawr. Fe'i mynegwyd, meddent, trwy'r canu a'r moli, a galwodd Dr Fursac ef yn 'ddiwygiad cariad' gan ddweud mai cân serch y Diwygiad oedd, 'Dyma gariad fel y moroedd'.

Dyna nodweddion amlwg Toronto a Chwmbrân hefyd, sef ymdeimlad dwys o bresenoldeb y Duw Sanctaidd, a'r Ysbryd Glân yn argyhoeddi pobl o'u pechod nes iddynt dorri i lawr mewn dagrau o edifeirwch, crio am faddeuant, ac yna derbyn Iesu Grist yn Geidwad ac Arglwydd. Ac fel y dywedodd Dr Fursac am Ddiwygiad '04, medrwn ddweud fod yr hyn a welwn heddiw yn hollol ddilys. Wrth gwrs, o gofio am y llithro mawr a gafwyd o 1906 ymlaen, ni all neb wybod faint o'r bobl hyn a fydd yn llithro'n ôl. Ond diau fod llawer ohonynt yn hollol ddiffuant ac yn debyg o ddal i ddilyn y Meistr.

Nodwedd amlwg arall sy'n gyffredin i dywalltiadau Toronto a Chwmbrân yw'r iachau gwyrthiol, yn cynnwys rhai enghreifftiau dramatig iawn. Un esiampl o hyn oedd Paul Haynes, y sonnir amdano yn *Direction*, cylchgrawn Elim (Awst 2013). Ar ôl i'w weinidogion weddïo trosto, cododd y gŵr 52 oed hwn o'r gadair-olwyn y bu'n ei defnyddio ers 10 mlynedd, a rhedeg o gwmpas yr eglwys. Caiff y bobl sy'n cael eu hiachau eu hanfon i gael eu harchwilio gan feddyg, er mwyn sicrhau bod eu gwellhad yn ddilys cyn iddynt gefnu ar eu triniaeth. Mae'r testun hwn yn un pwysig, ac mae'n anodd gwneud cyfiawnder ag ef mewn llith fer. Ond rhaid pwysleisio nad yw hyn yn golygu na ddylai Cristnogion gael triniaeth arferol meddygon proffesiynol ar gyfer eu clefydau corfforol a seicolegol. A phwysleisiaf hefyd na ddylid beirniadu na chlaf na gweinidog os na ddigwydd iachâd trwy awgrymu'n greulon mai diffyg ffydd yw'r rheswm dros hynny. Gwn o brofiad y medr y Duw Hollalluog, trwy ei Ysbryd, iachau'n uniongyrchol a gwyrthiol, heb i feddygon wneud unrhyw beth; a gwn hefyd bod Duw'n iachau trwy law meddygon ac y dylid – fel y gwna Gair Duw – barchu'r ddwy ffordd.

Wedi dweud hyn, da gennyf rannu hanes iachau yn Nhoronto. Clywais ficer a'i wraig o Loegr yn sôn am eu hafiechydon. Soniodd y gŵr am ei iselder llym difrifol, canlyniad cael ei erlid gan y cyfryngau ym Mhrydain am wrthod priodi pâr ifanc yn ei eglwys, am resymau cymwys. Gwyddwn fod y ffeithiau'n gywir gan i mi ddarllen amdano yn y papurau. Dywedodd hefyd bod ei wraig, a fu'n feichiog gyda'i baban cyntaf, wedi colli'r baban a dioddef iselder trwm. Yn ystod yr wythnos, gwelais ef a'i wraig ar eu gliniau'n gyson. Gwelais y gweinidogion yn gweddïo'n ddwys drostynt, ac ar ddiwedd yr wythnos clywais hwy'n tystio'n gyhoeddus a buddugoliaethus o'r llwyfan eu bod wedi cael iachâd llwyr, a'u bod yn barod i ddychwelyd adref i frwydro o'r newydd dros gyfiawnder a phurdeb. Pwysleisia Richard Taylor ei hun, er i gannoedd ddod i ffydd yn Iesu Grist mewn ychydig fisoedd fel yn 1904, na ddylid galw'r hyn sy'n digwydd yng Nghwmbrân yn 'ddiwygiad', ond yn hytrach yn 'dywalltiad'. Ond dengys y tywalltiad hwn fod Duw ar waith yn ein gwlad heddiw. Ac mewn gwirionedd, yr angen yw i'r tywalltiad droi'n ddiwygiad. Dywedir bod y wawr yn torri yn union wedi'r awr dywyllaf. Yn sicr, mae cyflwr Cristnogaeth yn dywyll iawn yn y tir, a fflam ffydd yn llosgi'n isel yng ngwledydd Prydain, fel y dengys y llythyr yn y *Telegraph*. Mae'r sefyllfa'n debyg i Gymru yn union cyn ysgytwad mawr '04. Mae ysbrydolrwydd Cristnogol ar drai, a'r ymwybyddiaeth o Dduw yn bŵl. Cawsom ein seciwlareiddio'n llwyr, a datodwyd hualau moesol yr hen Biwritaniaeth nes cynhyrchu pydredd eang mewn cymdeithas; llygredd a thrachwant ein gwleidyddion; llygredd difäol yr heddlu; trachwant haerllug y bancwyr; twyll dinistriol y newyddiadurwyr; a chamdriniaeth plant o fewn rhannau o'r Eglwys. Er yr holl addo, nid oes gwella. Ond nid rhyfedd hyn o gofio bod Gair Duw yn ein hatgoffa i 'bawb bechu a syrthio'n fyr o ogoniant Duw'. Ac ni all dynion drwg greu dynion da. Unig ffordd y glanhau a'r achub yw i'r Duw Sanctaidd rwygo'r nefoedd ac i'w Lân Ysbryd ddisgyn arnom gan doddi mynyddoedd anghrediniaeth, anfoesoldeb ac anwiredd.

Wrth i'r Arglwydd addo disgyn yn ei nerth i lanhau ein pobl ac iachau ein gwlad, rhoddodd hefyd yr amodau y mae'n rhaid i ni eu cyflawni. Rhaid ymostwng a gweddïo, plygu mewn gwir edifeirwch, a throi o'n ffordd ddrygionus, a cheisio ei bresenoldeb Sanctaidd, fel yn Nhoronto a Chwmbrân (seiliedig ar Eseia 60:1–3; 2 Cronicl 7:14).

O am i bawb ohonom fedru gweddïo:

'Arglwydd Sanctaidd ymgrymwn yn isel ger Dy fron. Cyffeswn yn wironeddol ein pechodau ffôl. Gofynnwn yn wylaidd am Dy faddeuant rhad. Rhwyga'r nefoedd o'r newydd, a thywallt dy Lân Ysbryd arnom, i'n glanhau fel pobl a'n hiachau fel cenedl. Er mwyn Iesu Grist ein Harglwydd. Amen.'

# RHAN TRI

# Y Meddwl a Bugeilio Cristnogol

Pregethu a bugeilio yw'r ddwy elfen hanfodol yng ngweinidogaeth yr Eglwys. Cafwyd dadlau ynghylch pa un o'r ddwy sydd bwysicaf. Roedd yn ymddangos mai pregethu oedd ar y brig am gyfnod maith yn yr ugeinfed ganrif. Roedd pobl yn dal i gofio am gewri'r pulpud megis Philip Jones, W. P. John, Dr Martyn Lloyd-Jones, Pennar Davies, Tudur Jones, Watcyn Wyn, Nantlais, y Prifathro Joseph Jones, Gwilym Boyer ac Emlyn Jenkins, i enwi ond ychydig o bregethwyr a dynnai dorfeydd i wrando arnynt yn llefaru. Ond tuag ail ran yr ugeinfed ganrif bu dirywiad mawr, a chiliodd y tyrfaoedd draw heb ganlyn mwyach. Pam na chafodd y pregethu ddylanwad parhaus? Efallai am i'r torfeydd ddilyn y dynion a'u haddoli hwy, yn hytrach na dod trwy'r pregethu i adnabod y Ceidwad a'i addoli a'i ddilyn ef. Yn ddiau, fe chwalodd dau Ryfel Byd y gymdeithas Gristnogol gan esgor ar ddirywiad enbyd yn yr eglwysi, a 'Duw nawr ar drai ar orwel pell'. Daeth y radio, ac yn enwedig y teledu, i mewn i'n cartrefi a thynnu sylw ein pobl a rhoi iddynt ddiddordebau ac eilunod gwahanol.

Yr un pryd, yn ail hanner yr ugeinfed ganrif, cafodd bugeilio fwy o sylw a daeth gofal bugeiliol yn destun eang a phwysig o fewn yr Eglwys. Cafwyd mwy o bwyslais ar ddiwinyddiaeth fugeiliol, diwinyddiaeth ymarferol a diwinyddiaeth gymhwysol ('pastoral theology', 'practical theology' ac 'applied theology'). Gwelwyd yn arbennig yr ymdrech i gofleidio mewnwelediadau ('insights') newydd o'r seicotherapi seciwlar a oedd yn tyfu'n gryf o ganlyniad i ddarganfyddiadau'r seicdreiddwyr megis Freud a Jung ac Ymddygiadwyr ('Behaviourists') fel Skinner. Yr un pryd hefyd, cafwyd cynnydd mawr mewn cynghori mwy arwynebol ym myd lleygwyr. Golygai hyn fod pobl heblaw gweinidogion a meddygon yn cynghori pobl dan amgylchiadau arbennig y tu allan i'r eglwysi, gyda llawer yn heidio i'w clinigau.

Erbyn hyn, mae bugeilio'n rhan bwysig o weinidogaeth yr Eglwys; cymaint felly fel y cydnabyddir mai dyma'r ffordd i bontio rhwng yr Eglwys a phobl y byd, wrth i ni trwy ein byw a'n gofal am bobl eu denu i holi rhagor am yr Efengyl. Dyna'n cyfle i drosglwyddo'r newydd da a'u harwain o'u tywyllwch i oleuni cadwedigaeth yr Efengyl. Cyfarfod â phobl yn y mannau lle maent. Cyfarfod â'u hanghenion a dangos perthnasedd yr Efengyl i'w bywyd. Wrth wneud hyn, yr ydym nid yn unig yn gofalu amdanynt ond yn cael cyfle i ddatgan neges iachawdwriaeth iddynt. A pheidiwn fyth ag anghofio geiriau mwyaf adnabyddus y Testament Newydd, 'Canys felly y carodd Duw' – na, nid yr Eglwys na'r Cristnogion ond yn hytrach – 'y byd, fel y rhoddodd efe ei unig anedig Fab, fel na choller pwy bynnag a gredo ynddo ef ond caffael ohono fywyd tragwyddol'. Gwelir, felly, mai ofer pob dadlau ai pregethu ynteu fugeilio sydd bwysicach. Mae'r ddwy elfen yn ganolog i'r weinidogaeth Gristnogol. Yn wir, maent yn gorgyffwrdd ac yn dibynnu ar ei gilydd. Oni bai fod pobl wedi derbyn neges iachawdwriaeth ac edifarhau a dod yn greadigaethau newydd ni fyddai yna braidd i ofalu amdani a'i bugeilio. Gair Williams Pantycelyn am y bobl hyn oedd 'dychweledigion'. Ac ni welid y tyfiant hollol angenrheidiol yn y bobl hynny heb fugeilio cyson, cariadlon, empathig.

Pererindod ysbrydol yw'r bywyd Cristnogol, ac felly mae'n rhaid wrth ddechrau iddo. A dechrau'r daith yw ymateb i neges yr Efengyl a bregethir, a dod o ganlyniad i berthynas bersonol fywiol a hanfodol ag Iesu Grist. Ac wedi hynny, dal i gerdded y daith gyda'r Iesu, dod i'w 'adnabod ef, a grym ei atgyfodiad, a chymdeithas ei ddioddefiadau' gan gredu yn holl weithredoedd y Crist. Cydnabod ein pechod; edifarhau mewn gwirionedd; a chredu Crist (ymddiried ynddo) fel Arglwydd a cheidwad yw sail dechreuad pob bugeilio Cristnogol. A'r cwestiwn sy'n aros yw, beth nesaf? Bod yn ddisgybl, bod yn ddilynwr i'r Arglwydd Iesu Grist. Dysgu a thyfu. Ond sut? Yn sicr, gallai'r Cristnogion newydd wrando ar bregethu cyson ar y Sul, ond yn ystod yr hanner canrif ddiwethaf diflannodd dwy genhedlaeth o'r oedfaon a'r cyrddau gweddi a'r seiadau. Mae Eifion Evans yn ei lith gyfoethog, a thra diddorol i seiciatrydd, yn ein hatgoffa bod Williams y Perganiedydd yn datgan trwy enau Theomemphus, 'Mae bugeilio yn cynnwys pregethu gofalus eneiniedig gan ddibynnu ar yr Ysbryd i fywhau'r meirw'. Mae'r awdur yn mynd yn ei flaen i ddweud, 'Daw gwir waredigaeth bob amser i lawr oddi wrth Dduw, nid trwy dreiddio i'r hunan-adnabyddiaeth amgenach neu amlhau cynnyrch adnoddau cynhenid'. Fel seiciatrydd Cristnogol ni allaf gytuno â'r dywediad olaf am ei fod yn gwbl annheg â Christnogion cywir sy'n dioddef oddi wrth bwysau ('stresses') mewnol y mae'n rhaid eu hamlygu a delio â hwy cyn daw adferiad a llonyddwch.

Tra phwysig heddiw yw cydnabod, fel y gwna'r Beibl mewn gwirionedd, bod i ddyn ddimensiwn triphlyg – corff, meddwl ac ysbryd – ac na ellir delio'n llwyddiannus ag un dimensiwn gan anwybyddu'r lleill. Mae'r meddyg a'r seiciatrydd a'r gweinidog yn ceisio gweini ar yr unigolyn fel personoliaeth gyfan, er eu bod ill tri'n arbenigo ar un dimensiwn. Meddyg a gafodd yr un hyfforddiant â phob meddyg arall yw'r seiciatrydd, ond ei fod wedi mynd ymlaen i arbenigo yng nghlefydau'r meddwl fel y gall ddelio â chlefydau'r corff a'r meddwl ac â grŵp pwysig y seicosomatig sy'n dangos symptomau corfforol a seicolegol. Ar adegau, mae'r seicolegol a'r ysbrydol yn gorgyffwrdd, a rhaid i'r seiciatrydd ystyried y ddwy elfen. Mae'n bosibl i'r cyflwr seicolegol ac ysbrydol gydfodoli a chyd-dreiddio i'w gilydd; a rhaid cydnabod bod angen delio â'r ddau ar wahân neu mewn cydweithrediad â'i gilydd. Ar adegau, gall y seiciatrydd ddelio â'r elfen ysbrydol, yn enwedig os yw'n Gristion ei hun; ond fel arfer bydd yn awgrymu y dylai'r unigolyn gael cyfarwyddyd gweinidog neu gynghorydd ysbrydol.

O gofio'r cymhlethdod sy'n gallu bodoli o fewn unrhyw gymdeithas o bobl, hyd yn oed Gristnogion, pwy felly ddylai fugeilio o fewn yr Eglwys? A beth a olygir wrth fugeilio Cristnogol heddiw?

Am flynyddoedd, yn enwedig pan oedd yn arferiad i gael un gweinidog ar eglwys, cymerwyd yn ganiataol mai gwaith y gweinidog yn unig oedd bugeilio, ac mai rhan bwysig o'r bugeilio oedd ymweld â'r aelodau, yn enwedig y cleifion. Gwn yr arferai rhai swyddogion ac aelodau helpu gyda'r ymweld, yn enwedig ymweld â'r cleifion yn eu cartrefi ac mewn ysbytai. Cofiaf yn dda fel y byddai fy nhad-cu Dafydd Enoch, a oedd yn gweithio yn y lofa ac yn ddiacon yn eglwys Penygroes, Sir Gaerfyrddin, yn ceisio ymweld ag aelwyd pob un o deuluoedd y capel unwaith y flwyddyn. Gan fod llai o lawer o weinidogion y blynyddoedd diwethaf hyn, a hwythau'n gorfod bod yn gyfrifol am nifer o eglwysi, aeth yn hanfodol i eraill eu helpu.

## Eglwys gyfan yn bugeilio

Rhywbeth i'r Eglwys gyfan yw bugeilio. Cyfrifoldeb pob Cristion yw caru ei gilydd. Dyma'r prawf i'r byd bod Iesu Grist wedi atgyfodi. Cariad ar waith yw cydymdeimlo a gofalu am eraill. Ym Matthew 25, sef un o benodau mwyaf nerthol y Testament Newydd, mae Iesu'n ein rhybuddio i ofalu am y gweiniaid a'r anghenus yn ein mysg, a dywed yn glir y dylem ymweld â'r cleifion a'r carcharorion. Meddai, 'Yn gymaint ag ichwi ei wneud i un o'r lleiaf o'r rhain, fy nghymrodyr, i mi y gwnaethoch' ac 'yn gymaint ag ichwi beidio â'i wneud i un o'r rhai lleiaf hyn, nis gwnaethoch i minnau chwaith'. Ac ychwanega'n Harglwydd, os rhoddwn gymorth yn y modd hwn awn i'r nefoedd, ond os na wnawn hyn awn i uffern. Gall pob Cristion helpu eraill mewn gwahanol ddull a modd: trwy ddweud gair o gysur; trwy ymweld â'r cleifion a'r henoed sy'n byw yn yr un stryd â hwy; trwy fynd ag ychydig o fwyd i'r anghenus; ac erbyn hyn trwy fynd â bwyd i'r Banc Bwyd, a chymaint o bobl yn ddi-waith ac yn brin o fwyd. Rhaid pwysleisio bod yr eglwysi yng Nghymru wedi cyfrannu'n helaeth yn wirfoddol i'r gymuned les, nes synnu'r Llywodraeth. Ond mae bod yn Gristion yn ein galluogi i fedru rhoi mwy na bwyd corfforol, er pwysiced yw hynny. Gallwn gynnig y bwyd ysbrydol trwy sôn wrth eraill am Fara'r Bywyd.

Ond mae angen ymweld hefyd. Gellir dangos pwysigrwydd ymweld trwy sôn am wraig ifanc y cefais gyfweliad â hi wrth baratoi rhaglen radio. Yn gynharach yn y flwyddyn roedd hi wedi bod yn yr ysbyty yn geni ei hail faban. Wedi'r enedigaeth bu'n dioddef oddi wrth iselder ysbryd llym, a chafodd ei throsglwyddo i uned seiciatreg. Dywedodd wrthyf fod llu o'i chyfeillion o'r eglwys wedi dod i'w gweld yn uned y menywod, gan ddod â siocled a blodau iddi. Ond ni ddaeth neb ond ei gŵr i'w gweld yn yr uned seiciatreg. 'Roeddwn mor unig,' meddai, 'roeddwn ar goll, a phawb wedi troi cefn arnaf.' Ac meddai wedyn, 'Pe byddai'r gweinidog neu swyddog neu un o'r aelodau wedi ymweld â mi, byddent wedi dangos nad oeddent wedi anghofio amdanaf ac nad oedd Duw wedi anghofio amdanaf chwaith'. 'Yn gymaint ag ichwi beidio â'i wneud ...'. Uffern iddi hi ac iddynt hwythau. Dangosodd Daniel Owen bwysigrwydd ymweld hefyd. Meddai Mari Lewis wrth Abel Hughes y blaenor yn Rhys Lewis, 'Yr ydw i yn gobeithio nad oes eisie llawer o nyrsio arna i. Na, yn yr oed yma, tybed nad ydw i wedi dysgu cerdded?' Ond wrth ddiolch iddo am ei 'eirie cysurus' dywedodd hefyd, 'Yr ydw i wedi bod yn synnu na fasech chi wedi dŵad yma yn gynt, Abel'. Adnabu Daniel Owen y Cristion o Gymro yn dda iawn. Sawl Cristion a ofynnodd i'w arweinyddion a'i gyd-aelodau, 'Ble buoch chi cyhyd?' Rhaid cyfannu pregethu, llefaru a bugeilio empathig ag ymweld. A chofier nad ymweld er mwyn cecran am fân bethau a diddanu, ond ymweld er mwyn delio â phroblemau dwfn yr enaid. Yn anffodus, dengys ymchwiliad manwl gan grŵp o weinidogion ifanc mai'r duedd oedd yfed te a mân siarad.

Arferwn gyfarfod â chaplaniaid ysbytai, a'r mwyafrif ohonynt yn weinidogion oedd â gofal eglwys hefyd. Dywedai'r mwyafrif na fyddent fel arfer yn sôn am bethau dwfn a phroblemau ysbrydol wrth ymweld â'u haelodau, ond bod y cleifion y byddent yn ymweld â hwy mewn ysbytai meddwl yn barod iawn i siarad am eu ffydd ac am ddyfnion bethau'r enaid. Rydym yn cydnabod fod gweinidogion, diaconiaid ac aelodau'n gwneud llawer o ofalu o fewn i'n heglwysi, a bod yr eglwysi, fel yr awgrymais eisoes, yn cyfrannu'n sylweddol at ofalu am rai o'r tu allan i'r Eglwys yn y wlad hon a thramor. Ond gwyddom hefyd fod maes yr angen yn fawr a bod amryw o fylchau y dylid eu llenwi ymysg y tlawd a'r anghenus, yn gorfforol, meddyliol ac ysbrydol. Mae angen bugeilio gofalus ar filoedd o bobl, yn gredinwyr ac anghredinwyr, o fewn a thu allan i'r Eglwys. Nid yw ffydd yn ein diogelu rhag dioddef yn feddyliol ac ysbrydol. Rhan hanfodol o'r gofal a'r bugeilio heddiw yw cynghori a chyfarwyddo gyda phroblemau meddyliol ac ysbrydol. Ac erbyn hyn rhaid i'r cynghorydd neu'r cyfarwyddwr wybod a defnyddio mewnwelediadau a gaiff eu canfod trwy seicoleg a seiciatreg. Dylai gweinidogion ordeiniedig, diaconiaid ac arweinwyr eglwysig eu paratoi eu hunain yn briodol er mwyn derbyn eu cyfrifoldeb priodol o gynghori a chyfarwyddo'u haelodau'n ddwfn. Mae pŵer mewn gwybodaeth, yn enwedig os yw'r wybodaeth honno'n berthnasol. Yn y cyswllt hwn dylid delio â'r meddwl, sydd yn naturiol yn rhan o'n testun.

**Y meddwl**
Wedi ymchwilio i'r ymennydd a'r meddwl, gan ddefnyddio pob math o astudiaethau megis pelydr-X a sgan MRI am fwy na hanner can mlynedd, rwy'n sylweddoli'n fwy clir nag erioed cyn lleied a wyddom am yr ymennydd a'r meddwl. Dyma'r dyfodol, dyma fydd gwrthrych ymchwiliadau meddygol a gwyddonol y ganrif hon. Ond i ba raddau y gallwn lwyddo i ddarganfod mwy am y meddwl a'r ymennydd ac am ymwybyddiaeth ('consciousness')? Wrth ysgrifennu'r geiriau hyn clywais yr Arlywydd Obama'n llefaru geiriau cyffrous ar yr un testun ar y radio. Meddai'r Arlywydd, 'As humans we can identify galaxies light years away, we can study particles smaller than an atom, but we still haven't unlocked the mystery of the three pounds of matter that sits between our ears'. Ar yr un pryd mae Obama'n cynnig 100 miliwn o ddoleri ar gyfer ymchwil pellach.

Filoedd o flynyddoedd yn ôl, gofynnodd y Salmydd gwestiwn oesol, 'Pa beth yw dyn i Ti i'w gofio?' er y gallai ddatgan yr un pryd, 'gwnaethost ef ychydig is na'r angylion ac a'i coronaist â gogoniant ac â harddwch' (Salm 8:5). Ac yn yr ugeinfed ganrif gofynnodd y bardd Waldo,

Pa beth yw dyn?
Beth yw byw? Cael neuadd fawr
Rhwng cyfyng furiau.
Beth yw adnabod? Cael un gwraidd
Dan y canghennau.

Tua diwedd y bedwaredd ganrif ar bymtheg, datblygwyd disgyblaeth neu wyddor seicoleg a geisiai ateb y cwestiynau sylfaenol hyn. Cydnabuwyd fod dyn yn greadigaeth driphlyg – corff, meddwl ac ysbryd (enaid) – a bod y meddwl neu'r ymwybyddiaeth (maes astudiaeth seiciatreg a seicoleg) ar waith ar wahân i weithrediadau'r corff (maes astudiaeth anatomi a ffisioleg) a hefyd ar wahân i'w pherthynas â'r enaid neu'r ysbryd (maes astudiaeth diwinyddiaeth) mewn ystyr uwch anianol.

Rhoddodd myfyrwyr o wahanol wyddorau, megis diwinyddiaeth a seicoleg, gyhoeddusrwydd gwael i'r corff. Ond dylid cofio mai creadigaeth Duw yw'r corff a bod Duw ei hun wedi cymryd cnawd i ddod i'n byd i'n hachub, a bod y corff hefyd yn deml yr Ysbryd Glân a bod Crist wedi codi o'r bedd yn gorfforol, yn flaenffrwyth i bawb ohonom sy'n credu ynddo.

Dosbarthwyd y meddwl (yr ymwybyddiaeth) hefyd yn dair rhan: gwybyddiaeth ('cognition'), teimlad ('affect') ac ewyllysiad ('conation'). Pwysleisiodd William James yn ei lyfr unigryw ac allweddol *Varieties Of Religious Experiences* (1902) nad yw dyn ar unrhyw adeg yn ymwybodol o holl gynnwys ei feddwl. Yn hytrach, mae'r rhan fwyaf o gynnwys ei feddwl yn preswylio islaw'r ymwybyddiaeth. Un lefel yw'r isymwybod, preswylfa meddyliau a theimladau y gellir eu galw i'r wyneb dan amgylchiadau ffafriol yn unig. Yna ceir lefel dyfnach y diymwybod neu'r 'meddwl anymwybodol'. Rhaid wrth gymorth seiciatrydd sy'n defnyddio seicotherapi dwfn i ddychwel y meddyliau a'r dymuniadau sy'n cuddio yn nyfnderoedd yr anymwybod. Ni all dyn ar ei ben ei hun eu galw'n ôl i'r ymwybyddiaeth. Freud a Jung a ddyfeisiodd y dechneg fanwl hon wrth bwysleisio pwysigrwydd y cynllun hwn o'r meddwl, ac yn arbennig y diymwybod. Er bod Freud a Jung wedi dangos pwysigrwydd yr isymwybod a'r diymwybod, cofier bod llawer yn gwybod am y pethau hyn flynyddoedd lawer cyn hynny. Yn wir, cofiwn fod yr Apostol Paul wedi awgrymu eu bodolaeth trwy ddweud, 'Ni allaf ddeall fy ngweithredoedd, oherwydd yr wyf yn gwneud, nid y peth yr wyf yn ei ewyllysio ond peth yr wyf yn ei gasáu' (Rhufeiniaid 7:15). Ond nid yw hyn yn ein hesgusodi rhag bod yn gyfrifol am ein hymddygiad. Ac mae hwnnw'n ei dro'n dibynnu hefyd ar yr ewyllys. Rhydd yr ewyllys i ni'r gallu i ddewis. Rydym yn fodau rhydd i ddewis. Nid yw seicdreiddiad dwfn yn amharu ar ein rhyddid i ddewis fel yr ofna beirniaid y dechneg therapiwtig hon. Mae seicdreiddiad dwfn yn ein galluogi i ddwyn ein meddyliau cuddiedig a'n hofnau a'n poen i'r wyneb - i'r ymwybyddiaeth - fel y cawn gyfle i'w hwynebu ac i ddelio â hwy gan obeithio eu dileu, ac yna fe'n gwaredir o'r symptomau sy'n ein caethiwo. Seicotherapi dynamig dwfn, fel y'i gelwir, wedi ei seilio ar y theori a'r technegau hyn yw'r therapi fwyaf nerthol o bob meddyginiaeth.

Er bod gan sawl gwyddor arall bwyslais gwahanol maent oll wedi eu seilio ar y theori a'r dechneg hon. Ond mae un wyddor bwysig arall, sy'n wahanol o ran theori a thechneg, wedi dod i fri ac yn cael ei defnyddio'n eang yn ein gwlad a thu hwnt. Gelwir y wyddor hon Ymddygiadaeth ('Behaviourism'). Ysgol Americanaidd a'i creodd, ac fe'i seiliwyd gan J. B. Watson ac eraill ar astudio ymddygiad dyn a'i feddyliau a'i deimladau yn y presennol. Dywedir bod y teimladau dwfn mewnol yn cael eu hanwybyddu. Ond po fwyaf yr edrychir ar y dechneg gwelir ei bod yn delio â'r teimladau mewnol ynghyd â'r ystumiau a gweithredoedd allanol. Yn wir, rhan o dechneg y therapi a seiliwyd ar y ddamcaniaeth hon yw dysgu'r person i newid nid yn unig ei ffordd o ymddwyn ond ei ffordd o feddwl. Newid ei feddyliau, troi'r negyddol yn bositif. Er ei fod yn ymddangos yn fwy arwynebol, a'i fod yn cymryd llai o amser, rhaid cyfaddef i'r therapi hwn, a elwir 'therapi ymddygiad gwybyddol' ('cognitive behavioural therapy') fod yn llwyddiannus iawn gyda llawer o bobl a fu'n dioddef oddi wrth afiechydon y meddwl, yn enwedig pryder ac iselder ysbryd ysgafn, niwrotig.

## Seicotherapi seciwlar

Er i mi sôn eisoes wrth ddisgrifio'r meddwl am y therapi seicolegol, rhoddaf yn awr ychydig mwy o fanylion am y cynghori seciwlar y medrwn ei ddefnyddio mewn bugeilio Cristnogol, gan ddangos ei fod yn syrthio'n fyr, ac yna sôn yn fwy manwl am gynghori a chyfarwyddyd ysbrydol. Mae llawer o nodweddion yn gyffredin i gynghori seciwlar a chyfarwyddyd ysbrydol.

**1. Cytundeb:** Yn gyntaf, rhaid gweld y person dan amgylchiadau arbennig, gan ddewis amser a lle cymwys – stafell arbennig, os yn bosibl yn yr eglwys neu adeilad cyfagos, a chyfarfod ar adegau pan fo pobl eraill o amgylch. Dylid cyfarfod yn rheolaidd unwaith yr wythnos, ar yr un amser ac am oddeutu awr. Rhaid gwneud cytundeb â'r person. Mae rhai'n ein beirniadu am bwysleisio hyn gan ddweud eu bod hwy'n cyfarfod â'r person unrhyw adeg, a heb gyfyngu ar yr amser, gan ddadlau bod hynny'n adlewyrchu cariad Cristnogol yn well. Ond gwyddom fod y fath drefn yn aml yn wastraff amser, a'r gweinidog er enghraifft o ganlyniad yn methu cael amser i fod gyda'i deulu neu i fod wrtho'i hun i fyfyrio, darllen, gweddïo a'i baratoi ei hun ar gyfer arwain gwasanaethau. Er i mi ar y cychwyn gael fy meirniadu am y pwyslais hwn, yn ddiweddarach dros y blynyddoedd dywedodd nifer wrthyf mai dyma'r un peth a'u cynorthwyodd fwyaf yn ymarferol wrth gynghori eu praidd, gan ei fod yn eu galluogi i gynghori'n fwy effeithiol a chael yr un pryd amser iddynt eu hunain, gyda'r canlyniadau da a grybwyllwyd uchod .

**2. Gwrando:** Yn y sesiynau rhaid rhoi cyfle i'r person i lefaru'n onest. Felly, rhaid medru gwrando arno heb dorri ar ei draws a heb feirniadu, er mwyn i'r sawl sy'n cael ei gynghori fod yn fodlon i sôn am ei feddyliau a'i deimladau a'i ofnau a'i broblemau dyfnaf. Nid yn anaml y cawn ddistawrwydd huawdl, arwyddocaol pan fydd dyn yn brwydro'n fewnol â'i syniadau a'i bryderon wrth geisio'u goresgyn. Afraid fyddai ymyrryd â'r broses feddyliol ar y pryd. Ond cofier y gellir sylwi ar yr hyn y mae'n ei 'ddweud' hefyd drwy ystumiau corfforol a mynegiant yr wyneb.

**3. Cyfrinachedd:** Mae cyfrinachedd yn hollol hanfodol. Rhaid cadw pob cyfrinach, a pheidio â sôn wrth neb am yr hyn a ddywedodd person yn ystod y cynghori oni bai ei fod wedi rhoi'r hawl i wneud hynny dan amgylchiadau arbennig. Rwy'n ofni bod llawer o aelodau eglwysig wedi dweud wrthyf na allent fynd at eu harweinyddion am help am eu bod yn gwybod na fyddai'r drafodaeth yn cael ei chadw'n gyfrinachol. Dyma un o wendidau'r Cymro; mae'n rhy barod i glebran, yn rhy barod i or-ganmol person un funud a'i farnu'n llym y funud nesaf. Mae medru cadw cyfrinach yn arwydd o aeddfedrwydd cymeriad, ac yn sicr ni allwch fod yn gynghorwr heb feddiannu'r rhinwedd hon.

**4. Trosglwyddiad:** Rhaid creu perthynas empathig rhwng y cynghorwr a'r sawl sy'n ei gynghori. Ar y cychwyn, gellid disgwyl i'r berthynas lwyddo wrth i'r cynghorwr roi cymaint o'i amser i'r person arall a gwrando arno'n astud, a pheidio â'i feirniadu braidd byth er nad yw'n cytuno â phopeth a ddywed. Wrth i'r cynghori fynd yn ei flaen yn y modd hwn, mae'r hyn a alwn yn drosglwyddiad positif at y cynghorwr yn datblygu. Nid yw hyn yn annisgwyl o gofio bod y cynghorwr yn rhoi cymaint o sylw ac amser i'r sawl y mae'n ei gynghori. Ond o dipyn i beth, wedi i'r cynghorwr ddarganfod ei broblemau a'i ddiffygion a goleuo'i feddwl gan awgrymu y dylai wynebu a delio â'r problemau, mae teimladau at y cynghorwr yn newid. Mae'r hyn a elwir yn drosglwyddiad negyddol yn datblygu. Ac yn baradocsaidd braidd, dyma pryd y mae'r claf yn dechrau gwella trwy wynebu ei ddiffygion a'i broblemau meddyliol a thrwy fod yn barod i ddelio â hwy. Gyda'r newid hwn, daw tyfiant ac iachâd. Rhyfedd yw gweld y broses yn llwyddo, a dywedaf eto nad oes meddyginiaeth fwy perthnasol na phwerus ym myd meddyginiaeth.

Dau rybudd arall wrth orffen sôn yn benodol am gynghori. Yn gyntaf, peidiwch ag agor clwyf na allwch ei gau. Ac yn ail, os gwyddoch fod problem y claf y tu hwnt i'ch gallu i ddelio â hi, mynnwch help oddi wrth arbenigwr cymwys. Peidiwch â phryderu am wneud hynny, gan nad yw hynny'n arwydd o'ch gwendid ond o'ch cymhwysedd fel cynghorwr.

Er bod cynghori seciwlar yn gallu bod yn llwyddiannus iawn gwyddom fod rhywbeth ar goll o hyd. Cyfaddefodd Freud i'w fywgraffydd Dalbiez nad oedd yn gwbl hapus hyd yn oed ar ôl seicdreiddiad llwyddiannus a oedd yn peri i'r claf gael gwared â'i symptomau, am ei fod yn gwybod ac yn dal i deimlo bod rhywbeth heb ei gyflawni. Aeth Jung ymhellach a datgan yn ei lyfr *Modern Man In Search Of A Soul*, 'Ymwelodd pobl o'r rhan fwyaf o wledydd gwareiddiedig â mi rywbryd neu'i gilydd. Mae'n ddiogel i mi ddweud bod pob un ohonynt wedi syrthio'n glaf oherwydd eu bod wedi colli'r rhywbeth hwnnw y mae pob crefydd fyw yn ei rhoi i'w dilynwyr, ac na iachawyd yr un heb ail gynnau eu ffydd yn Nuw.' Wrth gwrs, byddwn i'n pwysleisio mai'r Ffydd Gristnogol yw'r ffydd honno; ac mae'n sicr bod rhaid cofleidio agweddau ysbrydol o gynghori er mwyn i fugeilio Cristnogol fod yn gyflawn.

## Cyfarwyddyd ysbrydol

Mae cyfarwyddyd ysbrydol yn rhan hanfodol o fugeilio Cristnogol gan ein bod yn delio â'r ysbryd yn ogystal â'r meddwl. Rwyf eisoes wedi pwysleisio bod Duw wedi ein creu yn uned gyflawn ag iddi dair rhan – corff, meddwl ac ysbryd – sy'n gysylltiedig â'i gilydd. Ar adegau, mae'n hollol amhosibl i wahanu'r problemau meddyliol oddi wrth yr ysbrydol. Nid rhyfedd hyn o gofio'r cysylltiad agos rhwng y meddwl a'r ysbryd.

## Meddwl ac Ysbryd

Mae ein cyflwr corfforol yn effeithio ar ein cyflwr meddyliol, a'n cyflwr meddyliol yn effeithio ar ein bywyd ysbrydol, ond mae ein cyflwr ysbrydol hefyd yn effeithio ar y corff a'r meddwl. Yn wir, ceir yn aml orgyffwrdd rhwng y meddwl a'r ysbryd. Ar yr un pryd, gall problemau meddyliol megis ymryson yn ei isymwybod, a chyflwr ysbrydol megis diffyg ffydd yn yr Arglwydd Iesu, greu anesmwythyd mawr a hyd yn oed achosi symptomau pryder. Er mwyn eu trin yn llwyddiannus, rhaid delio â'r ddau. Mae ar y person hwn angen help seiciatrydd a therapi seicolegol arbennig megis cynghori a chyffuriau addas. Yn ystod y cynghori neu'r seicotherapi, mae'r seiciatrydd yn ei gynorthwyo i ddwyn ei bryderon o'i isymwybod i'r wyneb fel y gall ddelio â hwy. Ond mae arno hefyd angen cyfarwyddwr ysbrydol neu fugail ysbrydol i'w helpu i ailgynnau ei ffydd yn Nuw, fel y pwysleisiai Jung. Datganodd y seiciatrydd Dr Ruth Fowke hyn yn glir yn ei llyfr *Coping With Crisis* (tud. 68–69): 'The process wherby these two results are achieved are quite separate and distinct. Solving unconscious conflicts certaimly does not bring spiritual salvation and being spiritually transformed, renewed by faith will not result in the automatic resolution of emotional problems . . . salvation and sanity must never be confused. There is a separate and distinct pathway to each goal.' Dyna fy mhwyslais innau ar hyd y blynyddoedd, ac rwyf wedi ei ddatgan yn fy llyfrau *Healing The Hurt Mind* ac *I Want A Christian Psychiatrist*. Un o ganlyniadau'r datganiad hwn yw fy mhwyslais arall pwysig fod gan Gristnogion hawl i ddioddef afiechyd meddwl heb deimlo unrhyw euogrwydd, a bod rhaid iddynt fod yn barod i dderbyn y driniaeth addas heb i neb eu condemnio.

## Bugeilio Cristnogol

Er i mi bwysleisio eisoes y gall bugeilio Cristnogol ddefnyddio technegau a mewnwelediadau cynghori (seicotherapi) seciwlar, y mae cyfarwyddyd ysbrydol ar yr un pryd yn elfen hanfodol a chanolog ohono. Defnyddir yn gyson adnoddau 'ysbrydol' megis Gair Duw a gweddi. Rhan bwysig o fugeilio Cristnogol yw gweinidogaeth y Gair a'r Efengyl i'r unigolyn, gan geisio delio â phroblemau dwfn ffydd, megis pechod ac euogrwydd ac anghrediniaeth, trwy arwain pobl i berthynas fywiol â'r Arglwydd Iesu, y Cynghorwr Rhyfeddol. Wedi edifarhau'n llwyr a derbyn maddeuant y Tad mae'n awr wedi ei ail-eni a'i adnewyddu, ac yn greadigaeth newydd.

Cawn esiampl drawiadol o hyn yn yr Hen Destament. Trwy ddameg, mae'r proffwyd Nathan yn dangos i'r Brenin Dafydd yr hyn yr oedd hwnnw'n ei guddio oddi wrtho'i hun. Gwyddai'r ffeithiau moel, ond er iddo geisio cuddio'r ffaith iddo lofruddio Ureia er mwyn dwyn ei wraig oddi wrtho, mae'n dal yn anniddig. Ond nid oedd yn barod i gydnabod ei fai a'i euogrwydd a'r hyn a'i gwnaeth yn anniddig. O ganlyniad i ymyrraeth uniongyrchol Nathan, mae Dafydd yn cyfaddef ei fod yn euog o'r drosedd ysgeler, a hynny sy'n ei arwain i edifarhau a chael maddeuant (Salm 32 a 51). Mae llwybr y gyffes yn anodd: 'Yr wyf yn cyffesu fy mhechodau i'r Arglwydd'. Ond wedi cyffesu ac edifarhau daw gwaredigaeth, a gall dystio, 'a bu i tithau faddau euogrwydd fy mhechod'. A'r un modd y Mab Afradlon: yn union wedi iddo ddod ato'i hun a chyffesu, 'pechais yn erbyn y nef ac o'th flaen dithau', y dychwelodd hwnnw adref a derbyn croeso mawr ei dad.

Yn y Testament Newydd, cawn ddisgrifiad o'r Iesu'n cynghori'r wraig o Samaria wrth y ffynnon. Mae'r Arglwydd yn gofyn am ei hanes hi a'i phroblemau, a hithau'n ceisio troi'r drafodaeth yn bwnc diwinyddol neu grefyddol. Dyna a wna llawer o bobl. Er iddynt geisio cymorth maent yn siarad am bopeth, yn cynnwys crefydd hyd yn oed, ond yn amharod i sôn am eu problemau ysbrydol eu hunain, y pechod a'r ofnau sy'n eu parlysu, y diffyg ffydd a'r anghrediniaeth sy'n eu poeni. Nid siarad am theori yw nod seicotherapi ond ceisio dod o hyd i ddioddefaint y person ei hun er mwyn ei arwain i ffordd iachâd ac iachawdwriaeth. Mae gweddi'r Apostol Paul dros y Thesaloniaid yn addas dros ben i bob bugail ysbrydol: 'Bydded i Dduw'r tangnefedd ei hun eich sancteiddio chwi yn gyfan gwbl, a chadw eich ysbryd a'ch enaid a'ch corff yn gwbl iach a di-fai hyd ddyfodiad ein Harglwydd Iesu Grist' (1 Thesaloniaid 5:23). Ac mae'r un Apostol yn ein hatgoffa mai nod pob cyfarwyddyd a bugeilio ysbrydol Cristnogol yw 'dynoliaeth lawn dwf, a'r mesur yw'r aeddfedrwydd sy'n perthyn i gyflawnder Crist' (Effesiaid 4:13).

Yn Philipiaid 4:4–9 mae Gair Duw yn rhoi i ni gyfarwyddyd clir ac arbennig i'w drosglwyddo i'r praidd: meddyliwch a myfyriwch ar y positif, ar 'beth bynnag sydd yn wir ... yn anrhydeddus ... yn gyfiawn a phur, beth bynnag sydd yn hawddgar a chanmoladwy' (dyma'r 'Cognitive Behaviour Therapy' modern!). Ac ychwanega'r Apostol un cam holl bwysig arall, sef gwneud: 'Y pethau yr ydych wedi eu dysgu a'u derbyn, eu clywed a'u gweled, ynof fi, gwnewch y rhain'. 'All discussion must be followed by a decision and decision leads to action.' Neu ofer fydd yr holl siarad.

Dengys Viktor Frankl y seicdreiddiwr a fu fyw trwy Auschwitz mai cyfrinach byw trwy argyfwng yw cael amcan i fywyd. Darllenwyd ei lyfr *Search For Meaning* ar draws y byd. Arferai Frankl ddweud: 'Peidiwch â gofyn beth ydych chi am ei gael allan o fywyd. Gofynnwch beth y mae bywyd yn ei ofyn oddi wrthych chi.' Aeth Frankl ymlaen i greu dull arbennig o seicotherapi, logotherapi wedi ei selio ar y syniad hwn o'i eiddo.

Gellid dysgu llawer o sylwi ar y modd y mae'r Bugail Da, yr Arglwydd Iesu ei hun, yn cynghori ac yn cyfarwyddo. Rhyfedd mor aml y gwnaeth hyn gyda'r unigolyn. Pan oedd y gwin wedi darfod yn y briodas yng Nghana, mae ei fam yn pryderu. Mae Iesu'n gwrando'n astud arni, ac er ei fod yn sylweddoli bod y broblem yn gofyn am weithredu brys, dywed wrthi 'nid nawr' (Ioan 2:4), ond yna dywed wrth y gweision 'nawr' (Ioan 2:8). Gwelir empathi'r bugail ac amseriad perffaith y dwyfol.

Ger pwll Bethesda, cyfarfu'r Iesu â'r anobeithiol, sef dyn a oedd yn dioddef oddi wrth afiechyd cronig, ac a oedd wedi ei oddiweddyd gan flinder mawr. Tebyg i filoedd o'n pobl ni heddiw. Dim ond grwgnach a wnâi hwn fod eraill yn cael y blaen arno, a'i fod yntau'n dal i fethu ac wedi blino brwydro drosto'i hun. Mor rhyfedd felly oedd gorchymyn yr Iesu iddo, 'Cod, cymer dy fatras a cherdda'. Sylwer mai'r Arglwydd a gymerodd y blaen a gofyn cwestiwn treiddgar i'r claf, 'A fynni di dy wneuthur yn iach?' Rhaid gwybod a oes gan y claf yr awydd i wella (Ioan 5:1–15). Cofiwch na fydd gan rai pobl y byddwch yn ceisio'u helpu awydd i wella na gwneud dim drostynt eu hunain. Felly, ni ddylai'r cynghorwr deimlo'n euog am fethu ag iachau'r claf. Nid hawdd oedd rhoi cyfarwyddyd uniongyrchol i un a oedd wedi bod yn ddiymadferth am gymaint o amser, ond dyna sydd ei angen ar brydiau, er i chi gael eich cyhuddo o ddiffyg dealltwriaeth a chydymdeimlad. Gwn am wragedd a dynion sydd wedi tra-arglwyddiaethu ar eglwysi o'u cadair freichiau am flynyddoedd, a dylai rhywun dewr fod wedi gorchymyn iddynt, 'Cod, cymer dy fatras a cherdda!'

Ar adegau, pan ddaw cyfle i fugeilio yng nghanol llwyddiant mawr, mae'r gofynion yn wahanol, fel y digwyddodd pan aeth Iesu â thri o'i ddisgyblion agos – Pedr, Iago ac Ioan – i Fynydd y Gweddnewidiad (Mathew 17). Gwelodd y tri disgybl ogoniant y Crist a weddnewidiwyd yn eu gŵydd. 'Cydiodd ofn mawr ynddynt' (Mathew 17:6). Mae'n rhyfedd fel y bydd llawer yn ofni hefyd pan gawn nhw brofiadau pen y mynydd. Mae'r Iesu, fel y gwnaeth yn fynych wrth iachau, yn cyffwrdd â'r tri disgybl ac yn eu cysuro wrth ddweud, 'Peidiwch ag ofni' (Mathew 17:7). Cawn esiamplau gwych eraill yn y Testament Newydd o gyfarwyddyd yr Iesu wrth iddo ddelio ag euogrwydd (Ioan 8:1–22), dryswch (Ioan 9:13.31 – 16:33) ac ofn (Mathew 28:1–10).

A mwy na'r cyfan y weithred eithaf o fugeilio, sef yr Iesu yn agor ei freichiau ar led ar y groes i'n prynu a'n puro.

Cofier anogaeth yr apostol, 'Bugeiliwch braidd Duw sydd yn eich gofal, nid dan orfod, ond o'ch gwirfodd yn ôl ffordd Duw; nid er mwyn elw anonest, ond o eiddgarwch, nid fel rhai sy'n tra-arglwyddiaethu ar y rhai a osodwyd dan eu gofal, ond gan fod yn esiamplau i'r praidd. A phan ymddengys y Pen Bugail, fe gewch eich coroni â thorch gogoniant, nad yw byth yn gwywo' (1 Pedr 5:2–4).

A'r gair olaf. Beth yw cyfrinach y bugail Cristnogol llwyddiannus? Wrth sôn am fugeilio Cristnogol, derbyniwn yr angen hanfodol am fugeiliaid ysbrydol. A dyma'r gyfrinach i unrhyw lwyddiant bugeiliol. Er holl bwysigrwydd technegau, gwybodaeth a gallu personol, y peth pwysicaf – ac angen canolog hanfodol bugail ysbrydol – yw ei fod ef neu hi wedi ei lanw â'r Ysbryd Glân ac yn cael ei lenwi'n barhaus. Ni ellir cyflawni'r dasg hon yn ein nerth ein hunain. Rhaid cydnabod mai'r Ysbryd Glân yw'r ateb eithaf i broblem cyfathrebu. Dim ond y dyn neu'r ddynes sy'n barod i'w roi ei hun i weddi a gweinidogaeth y Gair, fel y gŵyr iaith yr Ysbryd (1 Corinthiaid 2:13), ac sy'n cydnabod ei anallu llwyr i drosglwyddo'r wir Efengyl heb weithrediad yr Ysbryd yng nghalonnau ei wrandawyr, all wneud hyn. Dim ond yr Ysbryd Glân a ŵyr ei ffordd trwy gymhlethdod meddwl ac enaid dyn. Ac os nad ydym ni fugeiliaid yn ddigon gostyngedig i ddilyn ei arweiniad, diau y byddwn ar goll 'heb obaith yn y byd'. Nid oes angen ymddiheuro wrth gyfaddef ein bod yma ym myd y dirgelwch a'r goruwchnaturiol a'r gwirionedd datguddiedig. Canys sylweddolwn cyn lleied a wyddom am feddwl dyn, a bod Duw wedi'n rhybuddio, 'Uwch yw fy meddyliau i na'ch meddyliau chwi'. Ond yn sicr, nerth goruwchnaturiol yr Ysbryd Glân yn unig sy'n ein galluogi i ddelio ag ingoedd meddyliau ac eneidiau'r bobl y cawn ni'r fraint o'u bugeilio. A'r bugail llwyddiannus yw'r un sy'n barod i gerdded yn wylaidd agos at Dduw yn feunyddiol, gan gydnabod ei ddibyniaeth lwyr ar y Bugail Da a'i rhoes ei hun yn aberth dros y defaid.

Pwysleisia Morgan Llwyd hyn yn ei glasur *Llyfr y Tri Aderyn*.

'Eryr: Sôn am y bugail wyt ti. Ond mae llawer llais yn y byd, a sŵn rhesymau lawer, Pa fodd yr adwaenost ti lais yr Ysbryd Glân ymysg y cwbl?

Colomen: Oni wyddost ti y medr oen bach adnabod llais ei fam ei hun ymysg cant o ddefaid? Nid oes neb a fedr ddirnad y gwir Ysbryd ond y sawl sydd â'i natur ynddo; am hynny, ofer yw rhoi arwyddion a geiriau i'w adnabod.

Eryr: Wrth hynny rwyt ti yn gadael pawb i'w feddwl ei hun

Colomen: Pan fo'r gwir fugail yn llefaru, a dyn yn ei glywed, mae'r galon yn llosgi oddifewn, a'r cnawd yn crynu, a'r meddwl yn goleuo fel cannwyll, a'r gydwybod yn ymweithio fel gwin mewn llestr, a'r ewyllys yn plygu i'r gwirionedd: ac mae'r llais main, nefol, nerthol hwnnw yn codi y marw i fyw o'i fedd ei hunan, i wisgo'r goron, ac yn newid yn rhyfedd yr holl fywyd i fyw fel Oen Duw' (*Llyfr Y Tri Aderyn*, O *Gweithiau Morgan Llwyd*, cyf 1, gol. T. E. Ellis, Jarvis and Foster Bangor, 1899, tud. 218).